四纬一体 互联互通

新时代家电制造业的新商业模式

江国民 / 著

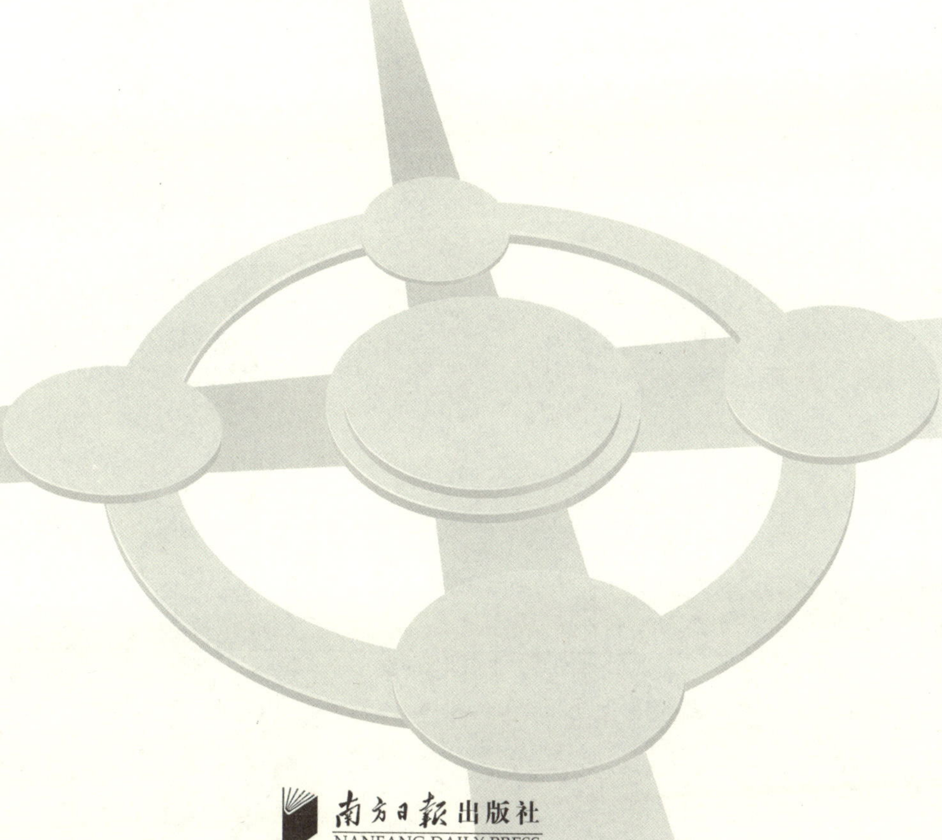

南方日报出版社
NANFANG DAILY PRESS
中国·广州

图书在版编目（CIP）数据

四纬一体　互联互通 ：新时代家电制造业的新商业模式 / 江国民著. — 广州 ：南方日报出版社，2018.3
ISBN 978-7-5491-1769-7

Ⅰ. ①四… Ⅱ. ①江… Ⅲ. ①家电工业－工业企业管理－研究－中国 Ⅳ. ①F426.619

中国版本图书馆 CIP 数据核字(2017)第 304726 号

SIWEI YITI　HULIAN HUTONG
四纬一体　互联互通：新时代家电制造业的新商业模式

著　　者：江国民
出版发行：南方日报出版社
地　　址：广州市广州大道中 289 号
出 版 人：周洪威
出版统筹：周山丹
责任编辑：史成雷
特约编辑：温　斌
封面设计：劳华义
责任技编：王　兰
责任校对：王　燕
经　　销：全国新华书店
印　　刷：广州百思得彩印有限公司
开　　本：787mm*1094mm　1/16
印　　张：14.5
字　　数：175 千字
版　　次：2018 年 3 月第 1 版
印　　次：2018 年 3 月第 1 次印刷
定　　价：48.00 元

投稿热线：（020）87373998-0503　读者热线：（020）87373998-0502
网址：http://www.nanfangdaily.com.cn/press　http://www.southcn.com/ebook

序

李兴浩
（志高集团创始人、董事局主席）

从我1982年开始卖冰棍算起，我在商海已经搏击了30多年，其间开过酒楼，办过碎布厂、织带厂、电脑公司、制冷维修公司，林林总总有十几家。1994年，顺着自己的生意链，我与一个台湾老板各出600万元合资建厂，最终进入了空调制造这一值得我为之奋斗一生的事业领域。此后，我给自己的目标从来没有变过：造世界上最好的空调，没有在行业中做到全球最大，决不改变主业。

我不知道自己算不算是改革开放后的第一代企业家，但跟我同年龄段的企业家，如今仍然活跃在一线的，确实不多了。在创立公司之初，我就表态到了50亿的时候就放权，自己不再担任总经理。到了50亿元规模时，我任命的总经理履职10个月，他个人觉得压力太大，又将经营管理权归还给我。后来，我又说，做到100亿元规模时就放权。到2012年，我又交出了董事长和总经理职位。我始终觉得，企业应该交给最有能力的人去管理，但是，我退出之后志高就遭遇了行业寒冬，这个情况下我不得不出来。这些年来，我一直都在寻找优秀的人才加入到企业的管理中去。

很多人只知道，志高是做空调的。但对我个人来说，我不只是做空调，我一直是在利用这个平台，培养有经营思想和经营能力的总经理人才。因此，我投资了很多行业的企业，有的是控股，有的是参股，都交给有潜力、有能力的人去经营。

我很看重江国民的人品及综合素质，他就是志高平台上具备总经理经营思想及经营能力的代表之一。现在这个移动互联网社会拥有前所未有的不可预知性，要求今天的企业家必须具备“创新、冒险与合作”的精神。在这三个方面，江国民都有非常突出的表现。志高冰洗在他的带领下，实现了质的突破。他提出五年做到行业前三名的目标，对此我完全认同，因为我对他本人以及其首创的“四纬一体 互联互通”新商业模式有完全的信心。

江国民拥有非常丰富而且成功的行业从业经历，又非常善于学习和思考，“四纬一体 互联互通”新商业模式就是他结合自己近20年的从业经历和对移动互联网时代经济特点思考的结果。依我在家电产业20多年的经验来看，我完全认同“四纬一体 互联互通”新商业模式的设计及其内涵思想。比如，“四纬一体 互联互通”新商业模式提出整合上游供应链，这是在当前原材料价格大幅上涨、市场竞争空前激烈的大背景下有效应对市场波动、持续推进企业稳定增长的有效措施。当前的行业竞争，供应链竞争将成为关键因素之一。在我看来，供应商与经销商同等重要。再比如，“四纬一体 互联互通”新商业模式提出拥抱互联网思维，我对此深表认同，如今的互联网浪潮是整个家电业的机会。这几年来，我一直在努力引领志高去拥抱互联网，志高目前正在进行的“高端化、智能化、全球化”三大转型战略布局，包括在全球率先推出并实现快速迭代的智能云空调、云服务平台，而且成为了云空调标准的主导起草者，也是基于移动互联网时代所做出的调整。

总之，我相信“四纬一体　互联互通”新商业模式在未来拥有非常广阔的发挥空间，并将逐步得到行业的认可。最近几个月的多个成功案例，均已经初步证明了它存在的价值及成长的空间。

“成功源于选择，强大源于合作，收获源于付出，成长源于学习，命运源于行动。”我希望，“四纬一体　互联互通”新商业模式能够越走越远，同时也希望志高冰洗在江国民的带领下，早日成为行业内成功拥抱互联网并持续创造业绩高峰的领先型企业。

2018年3月1日于志高工业园

目 录

contents

contents

contents

contents

第一篇

基本概念

第一章

基本内容

从商之道，在于因时而变，随事而制。大凡成功的企业家，从来不会因循守旧、随波逐流，而是勇立潮头，敢于突破风险，开拓属于自己的道路。机遇并不常有，而自己去创造机遇的努力可常有。当今时代，移动互联网大潮浩浩荡荡，势不可挡，顺之者昌，逆之者亡，大量的中小企业在这里死去，也有大量的中小企业在这里重生。造成这种不同的结果的根本原因在于：是把移动互联网大潮看成是冲击还是机遇。“生存还是毁灭？ 这是个问题。”

家电行业是我国改革开放近40年来发展最为迅速、竞争最为惨烈、与国际接轨也最为彻底的传统产业，同时也是受移动互联网大潮影响最深的传统产业之一。变频控制、平板显示的潮流方兴未艾，智能化、大数据的应用又潮涌而至，并在短时间内迅速渗透，高速抢占市场。对于广大中小型家电制造企业来说，想要追赶潮流简直难上加难，一无技术，二无资金，三无人才，看来似乎只有死在沙滩上一条路了。

笔者身处移动互联网大潮之中，站立在中小型家电制造企业发展的第一线，常常叹息于一些伴随笔者近20年家电产业从业经历的老品牌企业倒闭关门的消息，深感今天的中小型家电制造企业生存之艰、发展之难。有鉴于此，笔者结合自身从业经历和观察思考，提出针对家电制造业中小企业整合重组的“四纬一体　互联互通”新商业模式，力图找出一条中小型家电制造企业抱团取暖、走出困境的新路。

第一节　商业模式的作用

商业模式指的是企业与企业之间、企业各部门之间、企业与顾客之间、企业与渠道之间所存在的各种各样的交易关系和联结方式，包括如何满足市场需求、如何配置资源、如何管理企业、如何把产品送到顾客手中、如何处理与合作伙伴及竞争对手关系等等。简单来说，就是公司通过什么途径或方式来赚钱。大至跨国公司，小至路边小贩，任何一个经济体都有它的商业模式，也就是说，只要是有钱赚的地方，商业模式都会存在，也都会有它存在的意义。

现代管理学之父、美国克莱蒙特研究生大学教授彼得·德鲁克说过："当今企业之间的竞争，不是产品之间的竞争，而是商业模式之间的竞争。"商业模式关系到企业生死存亡、兴衰成败，笔者认为：企业要想获得成功就必须从制定适合本企业的商业模式开始，新成立的企业是这样，发展期的企业更是如此。

好的商业模式可以举重若轻，化繁为简，在赢得顾客、吸引投资者和利润创造等方面形成良性循环，使企业经营达到"事半功倍"的效果。在经济史上，不乏因开创了一个成功的商业模式而大大促进企业发展的例子。比如在20世纪50年代，麦当劳开创了快餐经营模式，提出"快速度服务系统"原则，使得公司成为当今全球拥有3万多家门店的巨无霸。日本丰田汽车公司开创了精益临盆治理模式，强调以更少的人力、更少的空间、更少的投资和更短的时间来满足客户需求，使得丰田实现了治理的巨大飞跃，并成为日本最大的汽车公司、世界十大汽车工业公司之一，鼎盛时期的2008年曾位居《财富》500强第5名。20世纪60年代，沃尔玛开创了平价超市模式，提出“帮顾客节省每一分钱”的宗旨，最终使其成为全球最大的零售连锁企业，曾连续多年位居《财富》500强首位。20世纪90年代，英特尔开创了“合作广告”运作模式，借补助PC制造商的广告经费，换得计算机厂商同意在他们的电视、平面媒体和在线广告中，秀出英特尔的商标图案，此举使其迅速在市场上脱颖而出，成为全球最大的个人计算机零件和CPU制造商，今天，含有英特尔处理器的标志已经成为很多消费者选购电脑的必备条件。在中国，小米之所以能够在短短几年时间内成长为年销量达几千万台、中国最顶尖的手机厂商之一，最大的功臣是其开创的“线上＋饥饿营销”模式。唯品会之所以能迅速成长为中国最大的电商企业之一，根本原因是其开启的品牌商品网上特卖模式。

同样，经济史上也不乏因为不成功的商业模式导致企业衰败的案例，尤其是当时代特征发生重大变化时。比如，原来的优势条件渐渐不在了（劳动力、原材料、房租成本上升等），原来可以赚到钱的行业现在基本没有盈利了，消费者的消费需求发生重大转变，等等。如果企业还是固守以前的商业模式一成不变，就会使得企业发展步履维艰、处处碰壁。例如，曾经的国际巨鳄诺基亚和IBM，都是因为没有在移动互联网时代来临时迅速转变自己的商业模式，而落得一败涂地的下场。

在中国，还有一个较具中国特色的影响因素对企业经营影响巨大，那就是国家政策的影响，而国家政策很大一部分是根据市场的变化而出台的调控政策，具有多变的特点，如果企业不能因应国家政策的变化迅速转变商业模式，就会对企业经营造成很大的损害。最典型的例子，莫过于几年前家电下乡政策的突然结束，导致了一批中小型家电制造企业的倒闭。

当前，中国经济发展进入“调结构，稳增长”的新常态，新常态的特点主要体现在三个方面：速度——“从高速增长转化为中高速增长”，结构——“经济结构不断优化升级”，动力——从要素驱动、投资驱动转向创新驱动。对于广大家电制造企业来说，新常态一方面代表着内需不足、外需萎缩，投资增长乏力，原材料价格、劳动力成本、租金成本上涨，另一方面又代表着新材料、新技术层出不穷，消费者需求出现新的增长领域，可以说，新常态对于家电产业来说是机遇与挑战并存。近几年来，以美的、格力等为代表的龙头企业积极适应新常态，转变商业模式，全面布局智能化、大数据等领域，并加大力度整合上游供应链和下游分销渠道，取得了不错的成果。但是对于广大中小企业来说，受制于资金、技术、人才的限制，很难跟上这个快速变化的移动互联网时代的步伐，如何在新常态下谋求继续的生存和良性发展，实现转型升级，成为一个摆在众多中小企业面前的新难点。

九三学社中央常委、广东省委员会前主委，广东省政协副主席姚志彬曾在2015年出席“企业发展与创新”研讨会时提出：“随着近年来互联网技术的普及与应用，传统的企业形态与产业结构正在发生转变，催生了很多新的业态，充分证明互联网给经济社会带来的影响无处不在，也为未来的社会变迁带来了前所未有的不可预知性，这一时代发展的脉搏呼唤着企业家精神的复兴与发扬，希望各位企业家敢于创新、冒险与合作，善于运用资本市场，以拥抱互联网的姿态，助推企业转型升级，实现跨越式发展。”

在这个大变局下，笔者结合自身近20年在家电制造、市场营销及采购优化等方面的专业实践，适时提出针对全国27,000家中小型家电制造企业整合重组的“四纬一体　互联互通”新商业模式。该模式通过运用互联网思维及金融杠杆，在纵向上打通上游供应链与下游分销渠道，在横向上推行品牌叠加及平行并购制造企业，达到在新常态的经济模式下，中小企业快速裂变、良性发展的目的。“四纬一体　互联互通”新商业模式构建后，笔者带领佛山市津晶电器有限公司（以下简称“津晶电器”）在商业领域进行了实践，取得了非常不错的效果。

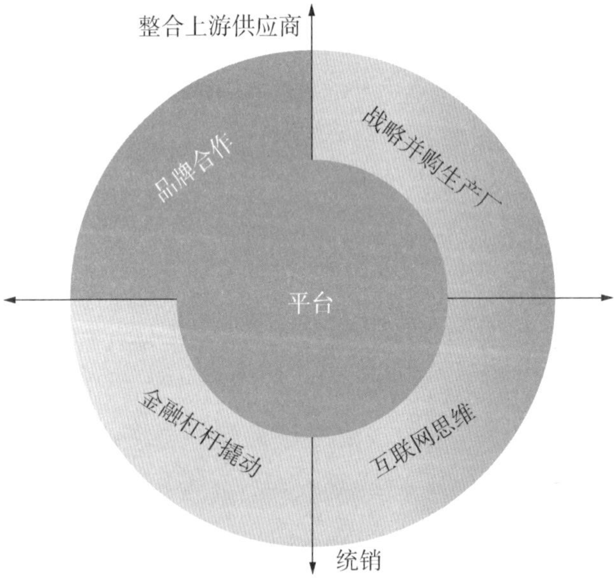

图1-1　“四纬一体　互联互通”新商业模式图

第二节 新商业模式的内容

一、纵向：整合上游供应链和下游分销渠道

（一）整合上游供应链

家电大体可细分为四个门类：白色家电、黑色家电、小家电和厨卫、绿色家电。我们平时提及的家电多是白色家电，比如空调、电冰箱和洗衣机，这也是笔者在本书中主要的论述对象。无论是哪种门类的家电，其上游供应链，即家电零部件产业无外乎包含两种，一个是机械部分，一个是电子部分。

机械部分也包括两类：一个是铝、铜、钢铁、塑料等原材料和家电专用材料生产产业，以苏州禾盛新型材料股份有限公司等为代表；一个是空调风叶、冰箱制冷设备、洗衣机脱水机等零部件生产产业，以广东顺威精密塑料股份有限公司、上海海立（集团）股份有限公司等为代表。电子部分主要包括液晶屏、芯片、模组等，以京东方科技集团股份有限公司、中颖电子股份有限公司等为代表。

2016 年末以来，家电上游原材料价格呈现出快速上涨的势头，同时，受严打环保和原材料价格上涨的影响，家电上游零配件的价格也

有上涨趋势，对于很多中小型家电制造企业来说，似乎已经走到被原材料和零部件“大步快涨”势头压得喘不过气来的泥潭之中。

整合上游供应链、提高市场适应能力是中小型家电制造企业走出困境的一条重要解决路径。对于家电制造企业来说，整合上游供应链可以有效应对市场波动，持续推进企业稳定增长。在笔者看来，整合上游供应链主要有三个方面的作用：首先，整合上游供应链有利于企业成本的降低，使家电企业可以以更低的成本得到原材料和零部件，并有效降低沟通和运输等其他成本；其次，整合上游供应链使企业运行更高效，节省了仓储运输、原料采购、订单处理等流程的时间，加快了资金和商品的周转；最后，整合上游供应链可以大大增强企业的市场适应能力，避免了上游供应链在供需和价格上的波动对企业造成的不良影响。

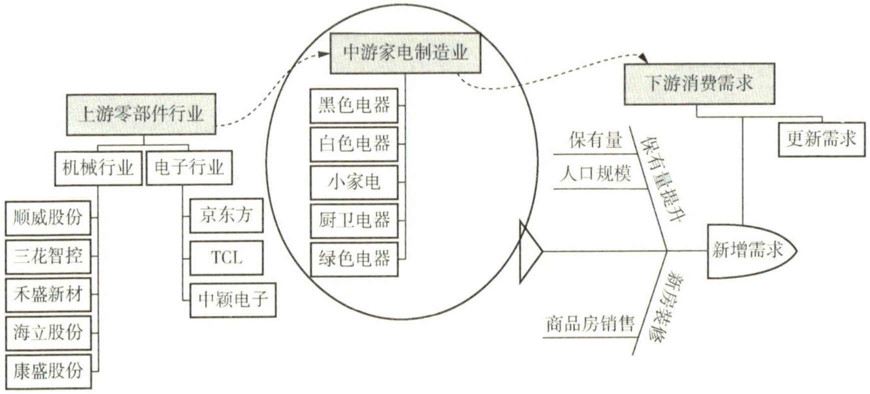

图 1-2　家电行业产业链

目前，以格力、美的、志高等为代表的家电特大企业在整合上游供应链方面已经做出了大量部署。以格力为例，近些年来，格力着力建设垂直产业链，包括上游的压缩机、电机、自动化设备等工业制品和下游的营销和资源回收。2017 年 8 月 29 日至 9 月 19 日，格力电器通过集中竞价交易方式持有空调压缩机领域龙头企业海立股份 5% 的股票，就是其大力推行整合上游供应链的一个典型案例。目前，格力拥有凌达压缩机、格力电工、凯邦电机、新元电子、智能装备、精密磨具 6 个上游子公司和 5 个再生资源基地，覆盖了从上游零部件生产到下游废弃产品回收的全产业链条。

2017 年 8 月 26 日，津晶电器在世界客都梅州举办了 2017 年核心供应商大会，大会邀请了 240 多名供应商代表参会，旨在建立长期、稳定、双赢、共同发展的供应链系统。本次大会，津晶电器所有高管和相关工作人员全部到会，并且由笔者和营销总监、采购系统领导做了主题演讲，详细阐述津晶电器各项工作的进度及后期工作规划，让津晶电器所有供应商能够详细地了解到津晶电器的发展进度，让供应商心里有底，产生共鸣和认同感。未来，津晶电器还计划依托实业公司上下游供应链企业资源，打破行业壁垒，布局互联网服务和供应链金融，达到整合供应链的目的。

（二）整合下游分销渠道

分销渠道是指产品从生产者向消费者转移所经过的通道或途径，它是由一系列相互依赖的组织机构组成的商业机构，即产品由生产者到用户的流通过程中所经历的各个环节连接起来形成的通道。销售渠道的起点是生产者，终点是用户，中间环节包括各种批发商、零售商、商业服务机构（如经纪人、交易市场等）。分销渠道是联结生产者和消费者或用户的桥梁和纽带，企业生产的产品，只有通过分销渠道卖给消费者，才能产生收益。可以说，分销渠道是企业实现利润的源泉，是企业成功的关键，笔者认为：“没有不好的产品，只有不好的营销；

没有不好的营销，只有不好的渠道。”

对于一个企业来说，光有好的产品是不够的，企业不能够通过分销渠道让好的产品在市场上得到好的反响，就不能算是一个好的企业。以智能手机领域为例，前几年小米手机的异军突起，与其独特的网络直销模式有重大关系，而 oppo 和 vivo 在 2016—2017 年的突出表现，与其遍布全国各地的数十万家专卖店是分不开的。

在传统销售渠道中，厂家生产的产品到达消费者手中，需要经过厂家—总经销商—二级批发商—三级批发商—零售商—消费者这么一道复杂的流程。在新常态下，激烈的市场竞争、消费者的个性化要求、新型渠道的不断壮大使得传统渠道遇到越来越大的挑战，其成本高、流程慢的缺点暴露无遗，已经不能适应市场发展的需要。针对这一状况，大企业、特大企业逐步将主要销售渠道转移到国美、苏宁等大型家电专业连锁渠道和自有品牌专卖店、自建网上商城上以及以京东、天猫为代表的电商，甚至利用自身强大的资金实力和市场话语权建立渠道联盟，在大大缩短了将产品推送到消费者面前的时间的同时，有效地降低了营销成本。

“得渠道者得天下”一直以来几乎是整个家电业界的共识。与大企业、特大企业在销售渠道方面的变革形成鲜明对比的是，中小型家电制造企业受制于资金、品牌影响力、市场话语权的缺失，往往只能继续固守传统渠道，从而很难在销售方面实现大的突破。在这种情况下，整合下游分销渠道，在有限的条件下努力降低销售成本，使自己的产品尽快到达消费者手中，就显得非常重要。津晶电器正在规划中的电商产业园，拟整合国内优秀电商公司入驻，就是整合下游分销渠道的一个有意义的尝试。

二、横向：推行品牌叠加及平行并购制造企业

美团是近些年来横空出世的一个知名度较高的互联网企业，自2013年进军外卖行业以来，短短四年时间在外卖领域成了市场第一。美团成功的最大秘诀就是“烧钱”，短短四年烧了几十亿元，平均每个月烧3亿元，而另外一家外卖品牌饿了么更夸张，平均每个月烧7亿—10亿元。尽管做到了市场第一，美团外卖依然亏损严重，亏损额靠美团其他挣钱的部门来填补，但美团外卖却依然在烧钱的路上越走越“起劲”。美团外卖的几十亿元到底烧出了什么？答案是：品牌。

当今社会，越来越多的企业家开始认同一个观点：品牌是最重要的资产。

现代营销学之父科特勒在《市场营销学》中认为，品牌是销售者向购买者长期提供的一组特定的特点、利益和服务。换言之，品牌是一种识别标志和精神象征，具有辨别商品和企业的作用。一个好的品牌可以让企业与竞争对手形成明显的差异化，赋予企业独特性和可识别性，是企业在市场上的身份证明。品牌差异化可以提高消费者的无意注意，使企业在其脑海中留下深刻的印象，成为促进消费者购买该产品的动力。当前，随着收入水平的提高和对高品质生活的追求，人们的品牌意识越来越强，品牌消费的趋势越来越突出，品牌对于一个企业的价值也越来越高。在家电领域，各个家电产品品牌集中度已经普遍超过70%，并在不断增加。

一般来说，品牌对于企业主要有以下几个方面的价值。一是区别对手，品牌有助于消费者识别产品的来源，从而使企业与竞争对手区

别开来。二是创造更多利润，品牌不仅能使产品卖出更高的价格，同时还可以避免单纯的价格竞争，保持产品价格的稳定性。三是获得消费者的忠诚，当消费者对某一品牌形成偏爱，充分信任之后，他就会习惯性地购买这个品牌的产品或服务。四是聚集资源，品牌可以吸引优秀的人才、供应商、合作伙伴、社会资金、政府政策等来为企业服务。五是渠道支持，品牌可以得到分销商、批发商、零售商以及其他中间商的积极响应和支持。可以说，品牌是一个优秀企业之所以优秀的生命线，可口可乐总裁伍德鲁夫就曾经说过："即使一夜之间在世界各地的可口可乐工厂都化为灰烬，我也完全可以凭'可口可乐'这块牌子从银行获取贷款，东山再起！"

对于广大中小型家电制造企业来说，其品牌的影响力自然无法与特大企业、大企业相比，但这并不意味着不必重视品牌的打造，事实上，大品牌的发展都经历了品牌影响力从不足到慢慢成长的过程。在当前经济发展进入新常态的大背景下，中小品牌之间抱团取暖，推行品牌叠加，不失为一个迅速增长用户黏性、在激烈的市场竞争中寻求共同生存的良策。

品牌叠加最重要的途径，就是平行并购企业。纵观现代世界经济发展史，并购是企业发展壮大的重要方式，甚至是最重要的方式。并购是一项旨在增加价值的战略行为，由一系列价值创造活动组成。并购的根本目的是实现两个企业资源的优化配置和优势互补，其中，品牌的互补是一个非常重要的方面。

中国的家电企业经过 30 多年的发展，自身拥有了大批量生产的条件，同时在生产技术上也得到了不断地提升，这标志着中国家电行业迈入了发展成熟期。产量的增加，必然会带来市场的饱和与激烈的市场竞争，从而使通过并购重新整合市场成为趋势。

中国的家电产业大体经历了三次并购潮。

1982 年 10 月，咸阳彩虹厂作为中国第一个彩管厂成立。此后，中国的彩电行业飞速发展，创造了一大批国产品牌。20 世纪 90 年代初，中国家电产业进入全面快速增长期。在家电行业起步阶段，高额的利润，促使众多企业都加入了家电制造的行列。由于市场需求有限，过多的企业投入导致了产能过剩，优胜劣汰，一些企业为了更快地实现企业目标，开始进行一系列并购行为。从 1991 年底开始，企业之间的合并调整消息不断，北京的白兰、白菊电器公司合并，成立兰菊电器公司；1996 年 7 月，TCL 公司通过兼并收购成立了 TCL 王牌电子（深圳）有限公司、TCL 电器（惠州）有限公司和 TCL（香港）电子有限公司；珠海格力电器股份有限公司兼并江苏黄河纽士威电器公司。家电行业进入了疯狂扩张时代。这是中国家电产业第一次并购潮。

2000 年，互联网在中国开始风靡，涌现一大批互联网投资者，以海尔、美菱、美的、科龙、小天鹅、长虹等为代表的家电企业也联手加入电子商务行业。家电价格战也开展起来。2002 年起，企业为实现资源共享，掀起了又一轮家电行业并购热潮。2004 年，由于生产链上游成本提升，能源的紧缺和同行业激烈的竞争使得电器行业进入薄利时期，部分企业甚至退出市场。2004 年 3 月格力电器收购母公司珠海格力集团公司持有的下属 4 家子公司的股权；同年 12 月，美的集团入主荣事达中美合资公司。2005 年 4 月，科龙电器被海信收购。这是中国家电产业第二次并购潮。

在十年飞速发展结束后，家电企业纷纷寻找新的适应行业发展的出路。如何进行技术创新、管理升级和企业转型已成为企业在激烈的竞争环境中寻求生存的首要问题。2006 年起，家电行业整合继续：百思买收购五星电器；小天鹅被美的电器成功收购。2011 年，飞利浦公司以 25 亿元收购奔腾电器，法国 SEB 收购中国炊具大王苏泊尔。这是中国家电产业第三次并购潮。

中国家电行业的三次并购潮，促使中国家电品牌的集中度更高，同时，家电企业也逐步向集团化发展，专注性企业越来越少。

2017 年 12 月 19 日，津晶电器与 TOYO 中国联手成立“TOYO 中国运营中心”。“TOYO”是日本乃至世界非常著名的品牌，已有半个多世纪的历史，其先进的技术、稳定的质量受到世界消费者的高度认可。在日本，“TOYO”品牌涵盖多个领域，如 TOYO 大学、TOYO 军工、TOYO 造船、TOYO 机电、TOYO 空调等。津晶电器专业从事电冰箱、洗衣机等多种产品的研发和生产销售，产品技术领先，生产工艺先进，检测手段齐全，在行业内拥有一定的口碑。此次合作，是“四纬一体·互联互通”新商业模式中的“重要一纬”，也是新商业模式中品牌叠加战略的重要实践。

三、中间：植入互联网思维及金融杠杆

（一）植入互联网思维

在淘宝发展的早期，一个很重要的战术基石是阿里旺旺。阿里旺旺起到的作用是允许买家和卖家直连互动，这样虽然淘宝牺牲了一部分收入，但却大大提高了淘宝的效率，增强了消费者体验，这也是淘宝打败主要竞争对手 ebay 的核心原因之一。这种基于“开放、共享”思维的经营理念，就是互联网思维的典型体现。

21 世纪最重要的时代特征，是互联网的大规模普及。互联网已经深入渗透到每个企业、每个消费者的方方面面。在现在这个互联网时代，企业如果不能从互联网思维的角度去主动适应这个迅速变化的世界，是无法发展壮大的。

所谓互联网思维，就是在（移动）互联网 +、大数据、云计算等科技不断发展的背景下，对市场、用户、产品、企业价值链乃至对整个商业生态进行重新审视的思考方式。李克强总理曾在 2015 年政府工作报告中强调："制定'互联网 +'行动计划，推动移动互联网、云计算、大数据、物联网等与现代制造业结合，促进电子商务、工业互联网和互联网金融健康发展，引导互联网企业拓展国际市场。""互联网 + 传统企业"已上升为国家战略。

互联网思维的本质是"尊重市场，回归人性"。

所谓"尊重市场"，就是要紧跟市场变化。在互联网时代，一切事物更新迭代大大加快，唯有不断变化、适应市场，才能够生存，否则只能自取灭亡。如果对比 10 年前、5 年前和现在的国内手机品牌前五名，会发现有天壤之别，这在以前是不能想象的。曾经的白电行业巨无霸企业新飞电器，1997 年其品牌价值就已高达 31.84 亿元，并跻身中国最有价值品牌十强之列，但在互联网时代却逐渐迷失，不断走下坡路，甚至于 2013 年传出停产风波，其根本原因就是自身的变化跟不上互联网时代的变化。

所谓"回归人性"，就是要尊重消费者需求。在互联网时代，消费者的需求对产品的影响大大增加。在以前，消费者是跟着产品走，市场上有什么就买什么，电视上放什么广告就买什么，但在互联网时代，理论上每一个消费者对产品的感受都可以通过互联网转移给其他消费者，从而影响后续消费者的消费，一个最典型的例子是，很多消费者在购物尤其是购买大型家电的时候，都习惯于在京东、天猫等网店搜索关于该产品的评价，这些产品的评价在很大程度上会决定消费者是否购买该产品。

对于中小型家电制造企业来说，互联网思维同样非常重要。互联网思维并不是互联网公司的专利，传统企业同样需要互联网思维。互联网思维就是一种思考方式，是一种适应当前互联网时代的思考方式。没有这种思维，只能等着被时代淘汰。津晶电器依托实业公司上下游供应链企业资源，布局互联网服务，创办集众电采网络平台，打破行业壁垒，就是互联网思维的一个典型体现。

“四纬一体　互联互通”新商业模式之所以要植入互联网思维，根本原因在于，没有互联网思维，新商业模式是不可能在这个互联网时代引领企业发展的。

（二）植入金融杠杆

一个家电产品从原材料采购，到制成中间及最终产品，最后由销售网络把产品送到消费者手中，将供应商、制造商、分销商、零售商、直到最终用户连成一个整体，构成一个完整的供应链。在这个供应链中，参与其中的大多为中小企业。

由于交易双方都是个体，且是实力不足的中小个体，因此相互之间很难产生信任关系，进而导致了巨大的“信用成本”。因为这种不信任，很难做到实时的交易交割，通常必须有至少几个月的账期，不可能货到付款。为了给生产提供驱动资金，供应商又不得不去银行贷款，并为此支付利息，从而增加了生产成本。

另一方面，中小企业由于资产低、信用差，加之目前我国金融体系固有的结构不完善、银行面向企业贷款额度少等特点，难以从银行获得融资，但又没有其他更好的融资途径，结果最后造成资金链十分紧张，影响自身生产能力，并进而影响整个供应链企业的运转：供货商货品供应不上，制造商生产能力不足，采购商采购能力低下、销售网络不健全。

从这两个角度看，中小企业融资难、融资贵是供应链发展过程中的“瓶颈”，如何解决这个瓶颈，在供应链中注入资金这个润滑剂，对于中小型家电制造企业乃至整个家电行业的健康发展来说，至关重要。

在这种情况下，“四纬一体　互联互通”新商业模式提供了一个有效的解决途径：首先是高度整合上游供应链与下游分销渠道，促进中小企业与供应链中的核心企业建立长期战略协同关系，借助核心企业的信用，引入金融公司，通过抵押应收账款或票据等交易凭证，在供应链中植入金融杠杆，使资金在供应链中流转起来。后期，还可以通过创办供应链金融公司直接服务中小企业，或创办线上交易平台留存供应链企业交易信息，从而提升整个供应链企业的银行信用，通过金融这个杠杆撬动整个“链条”的运转，并为中小企业赢得更多的商机。

在“四纬一体　互联互通”新商业模式中，植入金融杠杆是与整合上下游企业相辅相成的。只有高度整合上下游企业，建立一个相互信任的、良性运转的供应链，才能在供应链中有效植入金融杠杆；反过来，只有在供应链中植入金融杠杆，有效解决中小企业在供应链中的资金压力，也才能维持供应链的有效运转，实现互利共赢的目的。

第三节　新商业模式的实践者——津晶电器

津晶电器的前身是志高集团旗下冰洗事业中心，是一家独立营运的公司。

广东志高空调有限公司创建于1994年，系香港联合交易所主板上市公司志高控股（股份代号：00449. HK）旗下核心企业，总部位于珠江三角洲工业重镇佛山市南海区，集团产业涵盖家用空调、中央空调、冰箱、洗衣机、制冷设备、生活电器等领域。经过20余年快速稳健的发展壮大，公司现拥有佛山、九江、四会等生产基地，有完整的空调配套产业链及物流中心，家用空调年设计产能达1000万套，是国内拥有包括压缩机在内的集群式空调产业链的企业之一，业务遍及全球200多个国家和地区。自2005年至今，志高空调一直稳居行业前列。作为高端空调引领者，志高掌握智能云核心科技，推崇工匠精神，专注每一个细节，锻造“极致用户体验”。志高是“国家火炬计划重点高新技术企业”，拥有业内一流的技术研发中心、制冷技术研究院、智能家电研究院和国家博士后科研工作站、行业首家院士工作站、数十个国家和国际认可实验室、1500余名技术精英。2012年，志高推出全球首台智能云空调，拥有智能云空调大数据中心，同时也是空调行业云技术标准制定者；2015 年，志高建立行业首个空调“智能云 +”生态系统。

作为志高集团产业链的拓展及新业务增长点，志高冰洗（又名佛山津晶电器有限公司）于 2009 年开始进军国内市场，专业从事电冰箱、洗衣机等多种产品的研发和生产销售，目前在全国的销售网络实现了全面覆盖，同时，海外营销也建立了非常完整的体系，依托志高集团强大的科技实力，产品技术领先，生产工艺先进，检测手段齐全。

2010 年，志高冰洗相继推出了“志高冰箱全铜冷藏，十年内漏包换新机”“志高洗衣机铜芯电机，十年包换”和“志高空气能热水器，零配件终身免费更换”等三项首创承诺，此举迅速在冰洗市场掀起巨浪，树起行业品质保障新标杆，也提升整个行业的竞争门槛。

2011 年度家电下乡招标，志高集团旗下空调、冰箱、洗衣机全系列产品再次全面中标，并收获了国家信息产业中心颁发的“2010 年度冰箱行业品质保障奖”、“2010 年度冰箱行业家电下乡品牌快速成长奖”、2010 年度中国供热采暖“空气能热水器行业十佳品牌”以及“十大白电”等权威奖项。

近几年来，志高冰洗用智能 + 无极变频重塑业内标准，无极变频技术颠覆了以往给用户潜在的固有概念，不但在实际用户体验中实现它的价值，并且引领行业内成本降低 40%—50%，将成为行业内配套核心部件的统领者，引领整个洗衣机行业的新潮流。秉承着志高推崇的工匠精神，专注每一个细节，锻造“极致用户体验”，志高冰洗逐渐在产品线涉及、市场营销、智能化等领域奠定了行业领先地位。

2017 年 11 月 14 日，志高集团与肇庆市高新技术产业开发区合作的“广东志高产业基地冰洗项目”完成签约仪式，项目总投资额3亿元。这是一个市场前景广阔、利税贡献突出、对产业有龙头带动作用的优质项目，将大大助力志高冰洗实现质的飞跃。

笔者有幸于2016年担任志高冰洗董事长。2017年笔者根据多年从业经验提出了“四纬一体　互联互通”新商业模式，期望通过新商业模式的运作，带领志高冰洗成为国内领先的冰洗产品制造商。截至2017年12月，在“四纬一体　互联互通”新商业模式的运作下，津晶电器已成功并购了柳州普晶电器，成功实现了壮大企业规模、降低企业成本的目标，集众电采APP也即将面世。实践证明，“四纬一体　互联互通”新商业模式是完全可行的，而且可以取得不错的效果。

第二章

基本理論

中国历史上最伟大的哲学家之一王阳明先生曾说："知是行之始，行是知之成，若会得时，只说一个知，已自有行在，只说一个行，已自有知在。"意思是，知是行的开端，行则为知的完成，二者互为始末，因此行一件事之前，必先有知，行必以知为前提。换成马克思主义理论的语言就是：理论对实践有反作用（此反作用非"正反"的反作用），科学的理论对实践具有积极的指导作用。

"四纬一体　互联互通"新商业模式的设计绝非简单的对于实践经验的总结概括，而是笔者充分结合经济学主流理论的结果。这些经济理论在西方乃至在我国经过了几十年甚至上百年的发展，在几代经济学家的努力下，已非常成熟完备。在现实中，这些经济理论在指导政府对经济进行调控、指导企业发展等方面产生了大量积极影响，有些甚至成为国家经济工作的根本指导思想，反过来，这些经济理论也借助在实践中出现的问题不断丰富完善。笔者才思有限，没有理由不站在巨人的肩膀上。也只有将笔者自身的从业经历与这些经济学主流理论相结合，才能尽量避免"四纬一体　互联互通"新商业模式的设计因笔者本身经验限制而产生的缺漏。

当然，"四纬一体　互联互通"新商业模式也绝非照搬经济学主流理论，而是充分考虑了中国经济的特色、当前国内外经济形势和中小型家电制造企业当前的特点和处境。在未来，"四纬一体　互联互通"新商业模式也必将在实践的不断发展中、在与理论的融合中逐步走向成熟。

第一节　规模经济理论

规模经济理论是经济学的基本理论之一，也是现代企业理论研究的重要范畴。规模经济（economy of scale）又称“规模利益（scale merit）”，指伴随着生产能力扩大而出现的生产批量的扩大，使长期平均成本下降的趋势，即长期平均成本曲线呈下降趋势。“经济”，含有节省、效益、好处的意思，简单来说，规模经济就是随着生产规模的扩大，企业单个产品的成本降低，利润率上升，企业得到了好处。

经济学的开山鼻祖、英国经济学家亚当·斯密（1723—1790）是规模经济理论的创始人，亚当·斯密主要是从扩大规模有利于促进更细的分工，而更细的分工有利于提高生产率，从而提高企业效益的角度来阐述规模经济。在《国民财富的性质和原因的研究》（通常简称《国富论》，本书是现代经济学最经典的著作之一，于1776年3月出版后就引起大众的广泛讨论，影响迅速波及英国本地乃至欧洲大陆，至今仍是全世界各经济院校必读的经济读物，亚当·斯密也因此被称为“现代经济学之父”和“自由企业的守护神”）一书中，亚当·斯密指出：“劳动生产上最大的增进，以及运用劳动时所表现的更大的熟练、技巧和判断力，似乎都是分工的结果。”亚当·斯密还以制针工场为例，从劳动分工和专业化的角度揭示了制针工序细化之所以能提高生产率，原因在于：分工提高了每个工人的劳动技巧和熟练程度，节约了由变换工作而浪费的时间，并且有利于机器的发明和应用。劳动分工的基础是一定规模的批量生产，因此，亚当·斯密的理论可以说是规模经济的一种古典解释。

真正意义上的规模经济理论形成于英国，完备于美国。近代英国最著名的经济学家之一、新古典学派的创始人阿尔弗雷德·马歇尔（1842—1924）在《经济学原理》（该书在西方经济学界被公认为是划时代的著作，也是继《国富论》之后最伟大的经济学著作，奠定了以马歇尔为核心的新古典学派在长达40年的时间里在西方经济学中的支配地位）一书中提出："大规模生产的利益在工业上表现得最为清楚。大工厂的利益在于：专门机构的使用与改革、采购与销售、专门技术和经营管理工作的进一步划分。"马歇尔还论述了规模经济形成的两种途径，即依赖于个别企业对资源的充分有效利用、组织和经营效率的提高而形成的"内部规模经济"和依赖于多个企业之间因合理的分工与联合、合理的地区布局等而形成的"外部规模经济"。他进一步研究了规模经济报酬的变化规律，即随着生产规模的不断扩大，规模报酬将依次经过规模报酬递增、规模报酬不变和规模报酬递减三个阶段，形成了规模经济的基本理论框架。马歇尔还提出了"边际成本（增加一单位的产量而产生的成本增加量即称为边际成本）"的概念，并从生产的边际成本出发，认为只有当边际收益等于边际成本时，企业才能达到最佳规模。二战以后，美国的经济学家对规模经济理论进行了大规模的研究，并最终促使规模经济理论发展为经济学的基本理论之一，也成为现代企业理论研究的重要范畴。比如，美国第一个诺贝尔经济学奖（1970年）得主保罗·A. 萨缪尔森在《经济学》一书中指出：

“生产在企业里进行的原因在于效率通常要求大规模的生产、筹集巨额资金以及对正在进行的活动实行细致的管理与监督。”

马克思同样对规模经济理论非常关注。在《资本论》第一卷中，马克思认为社会劳动生产力的发展必须以大规模的生产与协作为前提，并对此进行了详细的分析。他认为，大规模生产是提高劳动生产率的有效途径，是近代工业发展的必由之路，马克思特别强调由分工引起的规模经济的作用。“内部分工的工人大军越庞大，应用机器的规模越广大，生产费用就越少，劳动生产率就越高”。马克思进一步结合规模经济阐述了自己的资本集中理论：资本对剩余价值和利润的追求，在社会化大生产阶段主要采取相对剩余价值形式，这就要求扩大生产规模，以引起资本集中。所以，对剩余价值和利润的追求，是资本集中最原始的动因。资本集中更进一步的原因在于分工协作引起的规模经济。马克思的资本集中理论是最早能够解释或说明企业并购的理论基础，后来的并购理论正是在这一理论的基础上随着市场经济的深化不断加以总结而提出的。

在“四纬一体　互联互通”新商业模式的设定中，平行并购企业、整合上游供应链和下游分销渠道，一个很重要的目的，就是通过扩大规模获得规模经济，从而实现降低成本等目的。

在笔者看来，扩大规模之所以可以降低成本，主要有以下几个原因：一是规模扩大，可以使内部分工更加详细，从而提高生产效率；二是随着产量的增加，可以使工人熟练程度增加，提高效率；三是规模扩大之后，企业更有能力承担研发费用，从而更有可能开发出适应市场的新产品；四是通过大量购入原材料，单位购入成本下降；五是规模大的企业在市场上会更有竞争力和话语权，在价格谈判上可以更加强势。

需要强调的是，长期平均成本不可能随着规模的扩大不停地降低，而是存在一个最低点。当生产扩张到一定规模以后，厂商继续扩大生产规模，由于管理成本的大规模增加等原因，会导致经济效益下降，这叫规模不经济。长期平均成本曲线的最低点对应的企业规模就是最小经济规模。

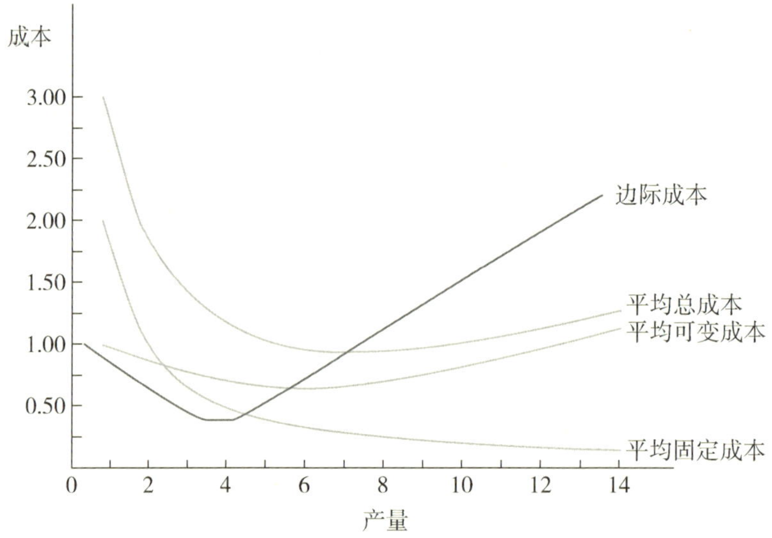

图2－1　规模经济图

从图2－1可以看出，最初随着产量的增加，固定成本可以分摊到更多的产品上，所以平均固定成本急剧降低，同样平均可变成本也逐渐减少，所以平均总成本不停地下降。但当产量增加到一定规模时，平均固定成本下降的幅度逐渐降低，而平均可变成本在经历了最初的下降后，由于边际产量递减规律（即在技术水平和其他要素投入量不变的条件下，连续等量的增加一种生产要素的投入量，当该生产要素投入量小于某一特定值时，增加该要素投入量带来的边际产量是递增的，当这种可变要素投入量连续增加并超过这一特定值时，增加该要素投入所带来的边际产量是递减的）开始上扬，幅度也逐渐增加，并最终超过平均固定成本下降的幅度，导致平均总成本开始增加。

长期平均成本曲线到达最低点，并不代表企业开始不盈利，而只是代表在此点之后，企业的平均成本逐渐增加，平均利润逐渐降低，一旦企业的平均利润降低到利息率以下，企业就会发生亏损，此时的规模被称为最大经济规模。在达到最大经济规模之前，虽然资金利润率随着规模的扩大而降低，但利润总额还是不断增加的。一些企业能够通过薄利多销的策略取得成功，就是这个道理。可见，处于最小经济规模和最大经济规模之间，才是企业需要达成的最合理规模。低于或高于这个规模，企业都将付出更多的代价。

家电制造产业所属的制造业，是规模经济现象最突出的产业，这是因为制造业相比于其他产业，一个很突出的特点是需要对厂房、设备等进行大量投资，甚至企业的竞争力在很大程度上取决于厂房、设备等的投入。这些固定投资只有平摊到一个较大数量的产品中去，才能使企业获得盈利。此外，在制造业中，采购成本和营销成本在企业所有成本中的比例也相当高，而这两项也同样存在较为突出的规模经济现象：在采购方面，企业可以扩大企业规模，实现通过大宗采购、增加议价权等方式降低单位成本，美国国际管理研究院校统计资料显示，拥有超过40%市场份额的龙头企业，其采购费用只占总销售额的33%以下，而拥有市场份额不到10%的企业，该比重高达45%以上，并随着市场份额的减少，采购费用支出占比呈逐步上升趋势；在营销成本方面，规模较大的企业顾客密度较高，使得其销售人员拜访客户的时间与旅行推销时间之比提高，即有效营销时间增加，从而提高营销效率，降低营销成本。此外，规模较大的企业还能够有效地利用众多的媒介与营销手段，降低固定营销成本。

综上所述，根据规模经济理论，通过扩大规模来降低成本，提高企业效益，是中小型家电制造企业发展壮大的必由之路，这也是“四纬一体　互联互通”新商业模式设计的根本理论依据之一。

第二节　协同效应理论

在“四纬一体　互联互通”新商业模式的设定中，企业平行并购是其中非常重要的一环。而产生协同效应是产生并购行为最重要的动机之一。

协同指的是“配合、互相协助”，协同效应指的是发生并购之后，企业合理配置两家原有的资源，从而使企业的竞争力增强，整体业绩超过两家公司独立存在时的业绩之和的一种状态，简单来讲，就是通过优化配置资料、整合管理等途径，实现“1 +1 >2”的效果。在西方经济学领域，西方学者借助新古典综合派、博弈论、信息经济学、新制度经济学、委托—代理理论等主流理论，结合世界经济史上五次大规模并购潮产生的大量实际案例，逐步将协同效应理论发展为一个较为成熟的理论，也产生了很多不同的学派。

一、函数累加性协同效应

美国经济学家伊戈尔·安索夫，首次提出公司战略概念、战略管理概念、战略规划的系统理论、企业竞争优势概念以及把战略管理与混乱环境联系起来的权变理论，被称为战略管理的鼻祖。1965 年，伊戈尔·安索夫正式出版他的代表作《公司战略》，这也是他的成名之作。在本书中，他认为企业经营战略的内容由四个要素构成：产品市场范围、成长方向、竞争优势和协同作用。在这里，他第一次提出了“协同”的概念，并重点分析了基于协同理念的战略，即如何像纽带一样把企业各个单元的业务有机联系起来，从而使企业可以更加有效地利用现有的资源和优势开拓新的发展空间。他认为，协同就是整体效应大于各部分组合相加的效应，即“$1+1>2$”。他使用一个累加的投资收益函数来定义协同，即 $ROI(a, b)>ROI(a)+ROI(b)$，含义就是公司收益超过两家公司原来收益的总和。

伊戈尔·安索夫的协同概念得到广泛的认可，并在之后被发扬光大，1974 年，鲁梅尔特将协同效应分为财务协同效应和经营协同效应。弗雷德·威斯顿是协同效应理论的集大成者，他认为协同效应主要体现在效率的改进上，并进一步将并购协同效应分为管理协同效应、经营协同效应和财务协同效应，认为协同效应的实现是企业并购的动机。

管理协同效应，是指如果任意两个管理能力不等的公司进行并购，那么并购之后的公司绩效将会受益于具有先进管理经验公司的影响，综合管理效率得到提高，从而合并公司的整体绩效将会高于两个单独部分的相加之和。管理协同是建立在一个前提的基础上：策划、组织、指挥和控制等方面的管理职能可以很轻易地被借用到其他的企业中，实现在不同企业间的转移。离开了这个前提，管理协同效应将会大打折扣。

经营协同效应也被称为营运经济，它主要是由于经济上的互补性、规模经济或范围经济，使得两个或两个以上的公司合并成一个公司之后，造成收益增加或成本节约的效应。经济上的互补性指的是企业并购完成后，可以有效弥补原来产品结构等方面的缺陷。比如，以中低端汽车产品生产为主的浙江吉利，收购了高端品牌沃尔沃，使得自身产品覆盖了中低高端各个市场，大大增强了自身实力，又大大增强了吉利在中端汽车领域的表现，这就是典型的通过经济上的互补性实现经营协同效应的案例。范围经济指一个企业用一套投入要素同时生产多种产品或提供多种服务的能力。简单来说，当一家公司用大致相同的人员、物资等投入同时生产两种产品的综合成本低于由两家单一产品的公司分别生产这两种产品的成本之和时，范围经济就产生了。范围经济的产生主要基于一个前提：两种不同产品之间存在大量可以共享的投入要素。

财务协同效应指企业并购完成后，可以实现降低企业融资成本、增加企业现金流量等目的。一个较为典型的例子是，当前中小企业融资难问题非常突出，根本原因就在于中小企业由于规模较小，信用不足，很难获得银行贷款，也难以得到其他机构的投资，而通过并购扩大规模后，企业的实力增加，获得融资的可能性也会大大增强，融资成本也会降低。

二、价值链协同效应

美国哈佛商学院大学教授迈克尔·波特（1947—　）是商业管理界公认的“竞争战略之父”，曾任美国总统里根的产业竞争委员会主席，开创了企业竞争战略理论并引发了美国乃至世界的竞争力讨论。在2005年世界管理思想家50强排行榜上，他位居第一。迈克尔·波特提出了著名的价值链理论，他认为：企业的任务是创造价值。企业的各项活动可以从战略重要性的角度分解为若干组成部分，并且它们能够创造价值，这些组成部分包括公司的基础设施、人力资源管理、技术开发和采购四项支持性活动，以及运输后勤、生产操作、运输后勤、营销和服务五项基础性活动，这九项活动的网状结构便构成了价值链。

波特的价值链理论揭示，企业与企业之间的竞争，不只是某个环节的竞争，而是整个价值链的竞争，整个价值链的综合竞争力决定企业的竞争力。

价值链在经济活动中是无处不在的，上下游关联的企业与企业之间存在行业价值链，企业内部各业务、单元的联系构成了企业的价值链，企业内部各业务单元之间也存在着价值链联结。对于企业来说，可以从对整个价值链的分析中，放弃某些增值环节，从自己的比较优势出发，选择若干环节培养并增强其核心竞争力，利用市场寻求合作伙伴，共同完成整个价值链。在这个过程中，协同效应非常重要，而实现协同效应也是有成本的，包括指令的理解和执行，合并后的协调整合和双方的妥协，能否处理好相关的成本往往决定了一个并购是否能最终成功。

津晶电器并购上游普晶电器以及与下游拿货商城开展战略合作，都是实现价值链协同效应的典型案例。在如今的家电产业，价值链协同效应无处不在，企业之间，尤其是龙头企业之间的竞争，也从单纯的产品之间的竞争，扩大到整个价值链的竞争。

从协同效应理论可以得出，在“四纬一体　互联互通”新商业模式中，协同效应既是动因，也是目标，如果并购整合不能产生“1 +1 >2”

的效果，那并购整合就是失败的，就不值得去做。这就要求企业在并购整合前，必须认真分析双方企业在经营理念、资源优势等方面的异同，以保证并购整合完成后能够达到协同效应的目标。

第三节　交易费用理论

在“四纬一体　互联互通”新商业模式中，整合上游供应链和下游分销渠道同样是非常重要的一个方面。在这个过程中，主要涉及的是交易费用理论。

交易费用又称交易成本，由新制度经济学的鼻祖、美国芝加哥大学教授、芝加哥经济学派代表人物之一、1991 年诺贝尔经济学奖的获得者罗纳德·哈里·科斯提出。交易费用是指买卖过程中所花费的全部时间和货币成本。在 1937 年发表的《企业的性质》中，罗纳德·哈里·科斯认为：市场和企业是两种不同的组织劳动分工的方式（即两种不同的“交易”方式），企业产生的原因是企业组织劳动分工的交易费用低于市场组织劳动分工的费用。一方面，企业作为一种交易形式，可以把若干个生产要素的所有者和产品的所有者组成一个单位参加市场交易，从而减少了交易者的数目和交易中摩擦，因而降低了交易成本；另一方面，在企业之内，市场交易被取消，伴随着市场交易的复杂结构被企业家所替代，企业家指挥生产，因此，企业替代了市场。由此可见，无论是企业内部交易，还是市场交易，都存在着不同的交易费用；而企业替代市场，是因为通过企业交易而形成的交易费用比通过市场交易而形成的交易费用低。简而言之，就是企业的扩张和收缩行为取决于企业内部组织管理费用与市场交易费用之间的比较，当企业内部组织管理费用低于市场交易费用时，企业会倾向于进行纵向并购，从而降低与上下游产业之间的交易成本；当企业内部组织管理费用高于市场交易费用时，企业会倾向于剥离自己的部分业务给市场。

在罗纳德·哈里·科斯看来，交易费用大体可包括六类：

一是搜寻成本：商品信息与交易对象信息的搜集，也即企业寻找交易对象的成本。

二是信息成本：取得交易对象信息和与交易对象进行信息交换所需的成本，也即对交易对象进行调查的成本。

三是议价成本：针对契约、价格、品质讨价还价的成本。

四是决策成本：进行相关决策与签订契约所需的内部成本。

五是监督交易进行的成本：监督交易对象是否依照契约内容进行交易的成本，例如追踪产品、监督、验货等。

六是违约成本：违约时所需付出的事后成本。

在市场活动中，人性因素与交易环境因素的交互影响，往往导致交易费用居高不下，影响企业的经营发展。据统计，在主要经济国家中，美国的交易费用占 GDP 的比重由 1960 年的 55% 上升为 1990 年的 62%，日本的交易费用占 GDP 的比重由 1960 年的 40% 上升为 1990 年的 56%，德国的交易费用占 GDP 的比重由 1960 年的 38% 上升为 1990 年的 52%，法国的交易费用占 GDP 的比重由 1960 年的 34% 上升为 1990 年的 63%，中国的交易费用占 GDP 的比重在 1991—2002 年间大致在 20.13% 左右（见表 2－1）。

表 2－1　宏观层面交易费用测度相关文献梳理

测量国家	测量年份	交易费用占 GDP 比重
澳大利亚	1911—1991	由 1911 年 32% 上升至 1991 年 60%
美国 日本 德国 法国	1960—1990	由 1960 年 55% 上升至 1990 年 62% 由 1960 年 40% 上升至 1990 年 56% 由 1960 年 38% 上升至 1990 年 52% 由 1960 年 34% 上升至 1990 年 63%
阿根廷	1960—1990	由 1960 年 29% 上升至 1990 年 35%
新西兰	1956—1996	由 1956 年 35% 上升至 1991 年 86% 由 1991 年 86% 下降至 1996 年 68%
保加利亚	1997—2003	由 1997 年 37% 上升至 2003 年 52%
中国	1978—2000	非交易部门交易费用从 13.5% 上升至 23.1%，交易部门从 28.4% 上升至 43.2%
中国	1991—2002	各年份交易费用围绕 20.13% 上下波动

资料来源：国家统计局编《中华人民共和国 2016 年国民经济和社会发展统计公报》

美国经济学家，加州大学伯克利分校经济学家，“新制度经济学”的命名者奥利弗·威廉姆森分析总结了七项交易费用增加的原因：

一是有限理性，指参与交易进行的人，因为身心、智能、情绪等限制，在追求效益极大化时所产生的限制约束。

二是投机主义，指参与交易进行的各方，为寻求自我利益而采取的欺诈手法，增加彼此不信任与怀疑，导致交易过程监督成本的增加而降低经济效率。

三是资产专用性，指在不牺牲生产价值的条件下，资产可用于不同用途和由不同使用者利用的程度，它与沉入成本概念有关。

四是不确定性与复杂性，指由于环境中充满不可预期性和各种变化，交易双方均将未来的不确定性及复杂性纳入契约中，使得交易过程增加不少订定契约时的议价成本，并使交易难度上升。

五是少数交易，指某些交易过程专属性太强，或因为异质性信息与资源无法流通，使得交易对象减少及市场被少数人把持，市场运作失灵。

六是信息不对称，指因为环境的不确定性和自利行为产生的机会主义，交易双方往往握有不同程度的信息，使得市场的先占者拥有较多的有利信息而获益，并形成少数交易。

七是气氛，指交易双方若互不信任，且又处于对立立场，无法营造一个令人满意的交易关系，将使交易过程过于重视形式，徒增不必要的交易困难及成本。

根据科斯的交易费用理论，分工必然会产生交易费用，且分工越细，交易的次数就越多，交易费用就越高。这也从反方向说明了，“四纬一体　互联互通”新商业模式通过整合上游供应链和下游分销渠道，可以有效减少企业在市场上交易的次数，从而减少交易成本。当然，在这个过程中由于企业规模的扩大、管理的复杂化，会增加企业内部的总成本。如果整合完成后增加的内部成本低于原交易成本，那么整合就是有价值的，反之，就不值得去做。

第三章

基本背景

倏忽之间，笔者已在家电行业摸爬滚打了 20 多年。从上游的采购到中游的生产制造再到下游的市场营销，笔者无不有着非常丰富的经历，近一两年，笔者担任津晶电器董事长，更是从整体上体验到经营一家中小型家电制造企业的方方面面。依笔者所见以及与同行交流的情况来看，近几年家电产业快速变革的态势和中小型家电制造企业所面临的复杂局势，为 20 多年来所仅见。

中小型家电制造企业面临很大的困境，已经成为行业内普遍的共识。这些困境有一部分是其他行业中小企业同样面临的共性问题，这一部分很难改变，只能去适应，去想方设法减弱它的危害，比如融资难问题，就是当前中小企业普遍面临的难题；有一部分是家电行业的特性造成的，这一部分可以在一定程度上化解，比如，当前家电行业技术革新飞快，智能化、大数据等技术突飞猛进，中小型家电制造企业因为缺资金缺技术很难跟上这股潮流，只能逐渐被大型家电企业拉开差距；还有一部分纯粹是中小型家电制造企业自己造成的，比如经营观念落后陈旧，抱残守缺，得过且过，不思进取，不积极谋划企业的长远发展和转型升级，满足于赚一点是一点，赚不到就去炒房等等。“四纬一体　互联互通”新商业模式主要解决的是第三部分的困境，第三部分的困境解决了，第二部分和第一部分的困境才有可能得到解决。

有句格言说：“如果你感觉走起路来很艰难就对了，说明你正在走上坡路，容易走的都是下坡路。”企业也是一样，面对困境，得过且过很容易，放弃抵抗也很容易，但成大事者，必须要高瞻远瞩，有战略眼光，不能贪图短暂的安逸。如果不拼一下，又怎能知道有没有奇迹呢？

第一节　家电制造业进入“新常态”

所谓常态，就是正常状态；新常态，就是经过一段不正常状态后重新恢复正常状态。新常态是“习式热词”之一，也是近几年来反映中国经济发展态势最热门、最贴切的词语。

中共中央总书记、国家主席习近平第一次提及“新常态”是在2014年5月考察河南的行程中。当时，他说：“中国发展仍处于重要战略机遇期，我们要增强信心，从当前中国经济发展的阶段性特征出发，适应新常态，保持战略上的平常心态。”同年11月，习近平在亚太经合组织（APEC）工商领导人峰会上首次系统阐述了“新常态”：速度——“从高速增长转为中高速增长”，结构——“经济结构不断优化升级”，动力——“从要素驱动、投资驱动转向创新驱动”。习近平总书记强调，新常态将给中国带来新的发展机遇，也伴随着新矛盾新问题。可见，“新常态”主要涉及两个概念，一是难题，一是破解，简单来说，“新常态”包含两层意思，一是经济发展遭遇一定的瓶颈，二是如何打破瓶颈寻求突破和升级。

2014年底召开的中央经济工作会议明确提出：认识新常态，适应新常态，引领新常态，是当前和今后一个时期我国经济发展的大逻辑。会议还总结了“新常态”的九个大趋势：从消费需求看，模仿型排浪式消费阶段基本结束，个性化、多样化消费渐成主流；从投资需求看，基础设施互联互通和一些新技术、新产品、新业态、新商业模式的投资机会大量涌现；从出口和国际收支看，我国低成本比较优势发生了转化，高水平引进来、大规模走出去正在同步发生；从生产能力和产业组织方式看，新兴产业、服务业、小微企业作用更凸显，生产小型化、智能化、专业化将成产业组织新特征；从生产要素相对优势看，人口老龄化日趋发展，农业富余人口减少，要素规模驱动力减弱，经济增长将更多依靠人力资本质量和技术进步；从市场竞争特点看，市场竞争逐步转向质量型、差异化为主的竞争；从资源环境约束看，环境承载能力已达到或接近上限，必须推动形成绿色低碳循环发展新方式；从经济风险积累和化解看，经济风险总体可控，但以高杠杆和泡沫化为主要特征的各类风险将持续一段时间；从资源配置模式和宏观调控方式看，既要全面化解产能过剩，也要通过发挥市场机制的作用探索未来产业发展方向。

从上述九大视角来打量中国经济“新常态”便会发现，一系列重大而深刻的变化正在发生，并将日趋剧烈。如果不能清楚地认识到当前经济“新常态”的大环境，并以此作为企业战略决策的基本背景，那么企业的发展就很有可能遭遇危机。对于中小型家电制造企业来说，当前遭遇的很多发展困境都可以用“新常态”这个词一言以蔽之，但“新常态”绝非只意味着困难，还意味着机遇。

一、经济增速放缓

表 3－1　1978—2015 年经济情况统计

本表按不变价的计算。
（上年＝100）

年份	国民总收入	国内生产总值	第一产业	第二产业	第三产业	农林牧渔业	工业	建筑业	批发和零售业	交通运输、仓储邮政业	住宿和餐饮业	金融业	房地产业	其他	人均国内生产总值
1978	111.7	111.7	104.1	115.0	113.6	104.1	116.4	99.5	123.1	108.9	118.1	110.1	105.7	111.2	110.2
1979	107.6	107.6	106.1	108.2	107.8	106.1	108.7	102.0	106.7	108.3	111.1	98.0	104.1	110.1	106.2
1980	107.8	107.8	98.5	113.5	106.1	98.5	112.6	126.6	98.1	104.3	103.9	107.3	107.9	114.8	106.5
1981	105.1	105.1	107.0	101.9	109.6	107.0	101.7	103.2	129.5	101.9	117.5	104.7	96.5	107.4	103.8
1982	109.2	109.0	111.5	105.6	112.7	111.5	105.8	103.4	99.3	111.4	131.6	143.1	109.1	113.3	107.4
1983	111.0	110.8	108.3	110.4	114.6	108.3	109.7	117.0	121.2	109.5	119.4	126.5	105.2	112.0	109.2
1984	115.3	115.2	112.9	114.4	119.4	112.9	114.8	110.8	124.7	114.9	108.1	130.7	127.7	115.3	113.7
1985	113.2	113.4	101.8	118.4	118.1	101.8	118.0	122.1	133.5	113.8	106.3	117.1	125.0	111.5	111.9
1986	108.6	108.9	103.3	110.2	112.3	103.3	109.6	115.8	109.4	113.9	115.6	130.2	125.9	103.0	107.3
1987	111.6	111.7	104.7	113.6	114.7	104.7	113.1	117.8	114.7	109.6	109.7	122.6	129.3	110.3	109.9
1988	111.3	111.2	102.5	114.3	113.2	102.5	115.1	108.0	111.8	112.5	125.1	120.2	112.7	109.1	109.4
1989	104.3	104.2	103.1	103.7	105.8	103.1	105.0	91.6	89.3	104.2	109.9	125.8	115.9	104.8	102.6
1990	104.1	103.9	107.3	103.2	102.7	107.3	103.4	101.2	94.7	108.3	103.5	102.2	106.2	103.7	102.4
1991	109.2	109.3	102.4	113.8	109.2	102.4	114.3	109.6	105.2	110.6	108.2	102.8	112.0	115.4	107.8
1992	114.1	114.2	104.7	121.0	112.6	104.7	121.0	121.0	110.5	110.1	127.0	106.5	126.6	111.5	112.8
1993	113.6	113.9	104.6	119.7	112.2	104.7	120.0	118.0	108.6	112.5	108.2	111.3	110.8	116.7	112.6
1994	113.1	113.0	103.9	118.1	111.4	104.0	118.8	113.6	108.2	108.5	127.1	109.7	112.0	112.6	111.8
1995	109.4	111.0	104.9	113.8	110.1	105.0	114.0	112.4	108.2	111.0	110.2	108.8	112.4	110.3	109.8
1996	110.1	109.9	105.0	112.1	109.2	105.1	112.5	108.5	107.6	111.0	106.8	107.9	104.0	112.7	108.8
1997	109.6	109.2	103.4	110.5	110.4	103.5	111.3	102.6	108.8	109.2	110.9	109.0	104.1	115.8	108.1
1998	107.3	107.8	103.4	108.9	108.4	103.5	108.9	109.0	106.5	110.6	111.1	105.1	107.7	109.6	106.8
1999	108.0	107.7	102.7	108.2	109.2	102.8	108.6	104.3	108.7	112.2	107.7	105.4	105.9	111.4	106.7
2000	108.6	108.5	102.3	109.5	109.8	102.4	109.9	105.7	109.4	108.6	109.3	107.0	107.1	113.1	107.6
2001	108.1	108.3	102.6	108.5	110.3	102.8	108.7	106.8	109.1	108.8	107.6	107.0	111.0	112.9	107.6
2002	109.6	109.1	102.7	109.9	110.5	102.9	110.0	108.8	108.8	107.1	112.1	107.5	109.9	113.7	108.4
2003	110.5	110.0	102.4	112.7	109.5	102.5	112.8	112.1	109.9	106.1	112.4	107.4	109.8	110.8	109.4
2004	110.5	110.1	106.1	111.1	110.1	106.3	111.6	108.2	106.6	114.5	112.3	104.7	105.9	112.7	109.5
2005	110.9	111.4	105.1	112.1	112.4	105.2	111.6	116.0	113.0	111.2	112.3	114.1	112.2	112.0	110.7
2006	113.3	112.7	104.8	113.5	114.1	105.0	112.9	117.2	119.5	110.0	112.6	123.7	115.5	110.8	112.1
2007	114.7	114.2	103.5	115.1	116.1	103.7	114.9	116.2	120.2	111.8	109.6	125.8	124.4	111.5	113.6
2008	110.1	109.7	105.2	109.8	110.5	105.4	110.0	109.5	115.9	107.3	109.6	112.1	101.0	111.1	109.1
2009	108.5	109.4	104.0	110.3	109.6	104.2	109.1	118.9	111.9	103.4	103.8	116.4	111.8	108.5	108.9
2010	110.3	110.6	104.3	112.7	109.7	104.3	112.6	113.8	114.6	109.5	108.2	108.9	107.5	108.0	110.1
2011	109.0	109.5	104.2	110.7	109.5	104.3	110.9	109.7	112.5	109.7	105.1	107.7	107.4	109.6	109.0
2012	108.6	107.9	104.5	108.4	108.0	104.5	108.1	109.8	110.3	106.1	106.5	109.4	104.7	108.1	107.3
2013	107.1	107.8	103.8	108.0	108.3	104.0	107.7	109.7	110.5	106.6	103.9	110.6	107.2	107.5	107.2
2014	108.3	107.3	104.1	107.4	107.8	104.2	107.0	109.1	109.7	106.5	105.8	109.9	102.0	108.5	106.8
2015	106.3	106.9	103.9	106.1	108.3	104.0	106.0	106.8	106.1	104.6	106.2	115.9	103.8	109.3	106.4

资料来源：国家统计局编《中国统计年鉴（2016）》

“新常态”首先反映在经济增长速度放缓上。从表 3 -1 和图 3 -1 可以看出，经过改革开放 30 多年的高速增长，从 2010 年开始，中国经济增长开始逐步放缓，具体从国内生产总值（GDP）增长率上看，2010 年是 10.6%，2011 年是 9.5%，2012 年是 7.9%，2013 年是 7.8%，2014 年是 7.3%，2015 年是 6.9%，2016 年是 6.7%，呈现出逐年下滑的态势。

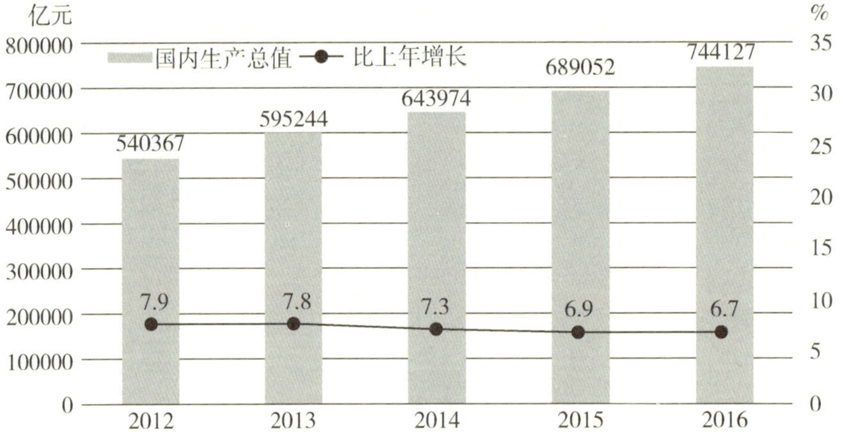

图 3 -1　2012—2016 年国内生产总值情况

资料来源：国家统计局编《中华人民共和国 2016 年国民经济和社会发展统计公报》

而家电制造业所从属的制造业和第二产业，情况则更为严峻，从图 3 -2 可以看出，在国内生产总值增速逐年放缓的情况下，第二产业占国内生产总值的比重还在逐年降低。

自 2008 年金融危机以来，中国家电产业国外市场一直萎靡不振，这对外贸依存度较高的中国家电产业来说，是一个非常沉重的打击。中国加入世贸组织以来，中国的家电产品进出口就得到了迅速的发展，总体而言，中国的出口量远远超过了进口量，实现了巨大的贸易顺差，

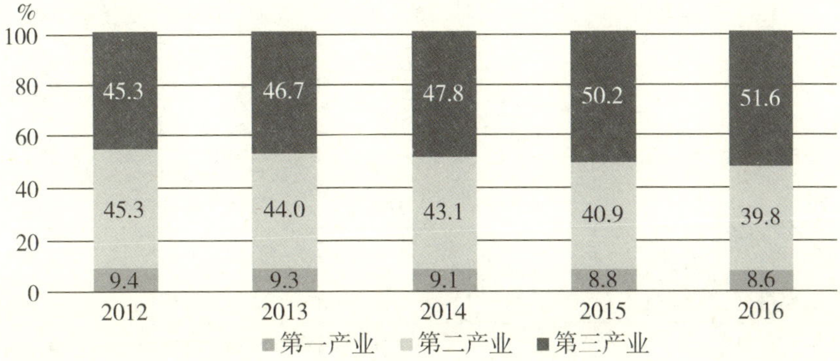

图 3 -2　2012—2016 年三大产业占比情况

资料来源：国家统计局编《中华人民共和国 2016 年国民经济和社会发展统计公报》

出口量仅次于美国和日本（中国家电占全球出口市场的比重接近 35%）。从出口市场区域上来看，欧洲和北美成为我国家电产品的主要出口市场，2004 年至 2009 年之间，我国出口北美市场的份额占总体出口比例的 23.8%—27.63%，而欧洲市场占到家电总体出口的 26.1%—31.48%。从具体产品上来看，空调和微波炉占全球生成比例的 50%；小家电的比重为 60%—80%。金融危机中，中国家电最重要的国外市场北美和欧洲是受冲击最严重的地区，直接导致外单大幅下滑。此后，以美国为主的欧美国家又喊出了回归实体经济的口号，尤其是美国，自特朗普上台后，“经济民族主义”甚嚣尘上，泼灭了中国家电依靠出口走出低迷的希望。作为家电制造业的主体，冰箱和空调的产量在 2016 年只分别增长了 6.1% 和 1.0%（见表 3 -2），可以说非常惨淡。

表 3－2　2016 年主要工业产品产量及其增长速度

产品名称	单　位	产　量	比上年增长（%）
纱	万吨	3732. 6	5. 5
布	亿米	906. 8	1. 6
化学纤维	万吨	4943. 7	2. 3
成品糖	万吨	1443. 3	－2. 1
卷　烟	亿支	23825. 8	－8. 0
彩色电视机	万台	15769. 6	8. 9
其中：液晶电视机	万台	15713. 6	9. 2
其中：智能电视	万台	9310. 1	11. 1
家用电冰箱	万台	8481. 6	6. 1
房间空气调节器	万台	14342. 4	1. 0
一次能源生产总量	亿吨标准煤	34. 6	－4. 2
原　煤	亿吨	34. 1	－9. 0
原　油	万吨	19968. 5	－6. 9
天然气	亿立方米	1368. 7	1. 7
发电量	亿千瓦时	61424. 9	5. 6
其中：火电	亿千瓦时	44370. 7	3. 6
其中：水电	亿千瓦时	11933. 7	5. 6
其中：核电	亿千瓦时	2132. 9	24. 9
粗　钢	万吨	80836. 6	0. 6
钢　材	万吨	113801. 2	1. 3
十种有色金属	万吨	5310. 3	3. 0
其中：精炼铜（电解铜）	万吨	843. 6	6. 0
其中：原铝（电解铝）	万吨	3187. 3	1. 5
水　泥	亿吨	24. 1	2. 3
硫　酸（折 100%）	万吨	8889. 1	－1. 0
烧　碱（折 100%）	万吨	3283. 9	8. 7

续上表

产品名称	单　位	产　量	比上年增长（%）
乙　烯	万吨	1781.1	3.9
化　肥（折100%）	万吨	7128.6	-4.1
发电机组（发电设备）	万千瓦	13218.4	6.3
汽　车	万辆	2811.9	14.8
其中：基本型乘用车（轿车）	万辆	1211.1	4.1
其中：运动型多用途乘用车(SUV)	万辆	914.4	51.8
其中：新能源汽车	万辆	45.9	40.0
大中型拖拉机	万台	63.0	-8.5
集成电路	亿块	1318.0	21.2
程控交换机	万线	1457.7	-22.5
移动通信手持机	万台	205819.3	13.6
其中：智能手机	万台	153764.1	9.9
微型计算机设备	万台	29008.5	-7.7
工业机器人	台（套）	72426.0	30.4

资料来源：国家统计局编《中华人民共和国2016年国民经济和社会发展统计公报》

二、家电企业的利润率进一步被压缩

随着用工成本上涨、原材料价格走高、销售成本增加，进入“新常态”以来，制造业的利润率整体处于逐渐降低的态势。据调查，劳动力成本2007—2016年上升了2.7倍，民营企业融资成本超过银行基准利率2倍，物流成本是发达国家的2倍，许多企业“五险一金”占工资总额的40%左右，企业还要承担很重的税费负担，有的企业家感慨：制造业的利润已经比刀片还薄了！以至于近几年来出现一个怪异的现象，有些企业，甚至是上市企业，辛辛苦苦一年挣到的利润，甚至不如投资几套房产挣得多。

从全国来看，工业企业利润率下降是大趋势，以2014年为例，据工信部公布数据，2014年全国规模以上工业增加值同比增长8.3%，其中制造业同比增长9.4%。从效益看，规模以上工业企业实现利润6.47万亿元，增长3.3%，创下历史新低。甚至有的传统行业利润率相比于10年前下降了80%。

广东的情况同样如此。以广东省统计局公布的数据为例：2017年1—5月规模以上工业近年来主营业务成本增速（增长12.8%）首次超过主营业务收入（增长12.7%）0.1个百分点；单位收入的成本明显上升，每百元主营业务收入中的成本（84.60元）比上年同期增加0.10元。原材料成本上涨压力向中下游企业传导，初步测算1—5月工业生产者购进价格指数与工业出厂价格指数间的“剪刀差”挤压了工业企业约470亿元的利润空间。企业融资成本同样提高，2017年1—5月规模以上工业的利息支出（增长7.3%）同比提高14.4个百分点。总体来看，工业经济效益仍相对偏低，利润率低于虚拟经济的状态持续存在。

2017年7月10日，工信部在官网公布了2017年1—5月我国家用电器行业的运行情况。数据显示，2017年1—5月我国家电行业主营业务收入达6429.8亿元，累计同比增长15.9%；利润总额390.2亿元，累计同比增长9.6%。可以很明显地看出，家电行业利润的增速要明显低于销售收入的增速，说明利润率在下降。在行业整体利润率下降的情况下，大企业通过创新和产品的智能化提高附加值、改进管理提高效益、谋求多元化发展等方式可以在一定程度上减缓利润率下滑的趋势，比如家电巨头格力，2016年的利润率高达15.85%，是行业平均水平的两倍多。反之，可以推测出很难做出转型措施来应对利润率下滑态势的中小型家电制造企业利润率的下滑速度超过了行业平均水平。

三、社会对制造业的信心减弱

进入“新常态”以来，在经济增速逐年放缓的情况下，市场对制造业的信心也在逐步减弱。以2016年数据为例，在反映社会对制造业信心重要参考数据的制造业固定资产投资数额方面，在2016年固定资产投资整体增长了8.1%的情况下，制造业只增长了4.2%，远低于平均增长率（见表3-3）。

表3-3　2016年分行业固定资产投资（不含农户）及其增长速度

行　业	投资额（亿元）	比上年增长（%）
总　计	596501	8.1
农、林、牧、渔业	22774	19.5
采矿业	10320	-20.4
制造业	187836	4.2
电力、热力、燃气及水生产和供应业	29736	11.3
建筑业	4577	-6.5
批发和零售业	17939	-4.0
交通运输、仓储和邮政业	53628	9.5
住宿和餐饮业	5947	-8.6
信息传输、软件和信息技术服务业	6319	14.5
金融业	1310	-4.2
房地产业	135284	6.8
租赁和商务服务业	12316	30.5

续上表

行 业	投资额（亿元）	比上年增长（%）
科学研究和技术服务业	5568	17.2
水利、环境和公共设施管理业	68647	23.3
居民服务、修理和其他服务业	2677	1.8
教育	9324	20.7
卫生和社会工作	6282	21.4
文化、体育和娱乐业	7830	16.4
公共管理、社会保障和社会组织	8188	4.3

同样，曾经对改革开放以来中国制造业的起飞做出重大贡献的外商投资，对中国制造业的发展也表现出信心不足，2016 年制造业的外商直接投资竟然下降了6.1%（见表3－4）。

表3－4 2016 年外商直接投资（不含银行、证券、保险）及其增长速度

行 业	企业数（家）	比上年增长(%)	实际使用金额(亿元)	比上年增长(%)
总 计	27900	5.0	8132.2	4.1
农、林、牧、渔业	558	－8.4	123.2	30.0
制造业	4013	－11.0	2303.0	－6.1
电力、燃气及水生产和供应业	311	18.0	139.8	0.3
交通运输、仓储和邮政业	425	－5.4	329.2	26.7
信息传输、计算机服务和软件业	1463	11.6	540.4	128.0
批发和零售业	9399	2.7	1011.1	36.0
房地产业	378	－2.3	1264.4	－29.4
租赁和商务服务业	4631	3.7	1045.9	67.8
居民服务和其他服务业	245	13.0	33.0	－25.8

从上面一系列数据可以看出，在互联网经济冲击、以美国为代表的欧美发达国家回归制造业等诸多因素的影响下，现阶段中国的家电制造业从总体上来看正遭遇空前的挑战，企业面对的市场形势更加严峻，竞争更加激烈，家电制造企业真正进入到“不变即死”的时期。诚如查尔斯·狄更斯所言：“这是最好的时代，这是最坏的时代；这是失望的冬天，这是希望的春天；人们面前精彩纷呈，人们面前一无所有。”

第二节　新常态下中小型家电制造企业面临的发展困境

在经济新常态下，企业的转型升级既是政府经济工作的重中之重，也是事关企业生死存亡的关键，然而对于广大中小型家电制造企业来说，由于资金、品牌、供应链、营销等方面的限制，转型升级往往尤为艰难，在新常态下的生存能力也愈发薄弱。依笔者所见，目前中小型家电制造企业主要面临以下几个方面的困境。

一、融资难问题愈发突出

中小企业融资难原本就是世界性难题，中国的中小企业尤为突出。2017 年 8 月 1 日，中国财政科学研究院发布了《降成本：2017 年的调查与分析》研究报告。报告显示：受货币信贷宏观稳中偏紧的影响，2016 年以来，企业融资增速放缓。相比于大型企业和小微型企业，中型企业各类融资成本偏高，融资难、融资贵的问题更加突出，其中，产能过剩的制造业融资成本处于相对高位。在调研的样本企业中，认为存在“融资难、融资贵”的企业占比达到了 56.3%，而中型企业、小型企业认为存在融资困难的企业占比分别为 59.1% 和 57.2%。分行业来看，制造业中认为无融资困难的企业数占比在 39% 以下，基本排在所有行业的末位。

根据中小企业的发展现状以及我国社会、国情特色，我国中小企业融资难主要源于以下几个因素。

（一）中国金融结构存在固有的缺陷

2005年以来，中国金融业增加值占GDP比重由4%逐年增长，并在2015年达到8.4%，在短短十年之内翻了不止一番。从资本市场规模来看，按国内上市公司总市值来算我国已经成为全球第二大资本交易市场，在2016年全球500强中，中国的金融机构占据18席，其中银行10个，4个国有银行全部位居前50位。但另一方面，中国金融结构存在一定程度的失衡，导致金融对经济的扶持作用相比于欧美国家来说还有一定的差距。

我国的金融机构是典型的银行主导型金融体系，虽然中国目前已经建立了种类比较齐全的金融机构体系，但银行在金融机构中占绝对的主导地位，这一特点可以从金融资产比例与融资比例中体现：从金融资产来看，我国金融资产中货币性资产占比过高，达62%，而债权和股票资产分别只占18%与20%。而同期美国的货币性资产仅占17%，债券资产和股票资产分别占比49%与34%。反映在融资比例上的现状是，我国以银行为主导的间接融资比例要远高于直接融资比例，导致企业融资可自主选择的余地很小。企业一旦在间接融资方面碰壁，就很容易产生融资困难。

（二）中小企业通过银行融资困难重重

中小企业具有如下主要缺点：投资少，生产、经营规模小且业绩不稳定；资金薄弱，抵御经营风险能力较差；融资能力差，抗风险能力相对较弱且资信水平较低；财务制度不健全、运作不规范，难以达到金融机构贷款要求；信用担保体系不完善。当前，我国的中小企业直接融资体系发展严重滞后，资金来源很大程度上依赖银行贷款，然而现实是，出于对资产质量和风险收益的考虑，商业银行的信贷业务大多向实力雄厚的大中型企业、基础设施建设项目聚集，而经营规模较小、财务不透明、信用级别较低、固定资产可担保抵押品较少的中小企业则往往被商业银行所忽视。

对于中小企业，即使获得银行贷款，但银行放贷条件普遍苛刻，各种附加条件层出不穷，例如现实中普遍存在这样的现象：获得3年贷款的中小企业，在获得的贷款中须先缴3年10%的利息，同时必须冻结10%贷款额存放在放贷银行，这样一来，企业拿到手的贷款额就大打折扣。中小企业向银行申请贷款，很多都需要企业股东或法人代表以自有资产提供连带责任担保，而国有企业则无此要求。相当一部分中小企业由于规模小，缺乏抵押物和担保，即使生产纳税正常、信用较好，也难以获得贷款。更甚者，中小企业即使获得贷款，也普遍面临利率上浮30%以上，利率比国有企业高的现象。五花八门的霸王条款，变相提高了中小企业贷款的利率，加大了融资成本。

针对中小企业的信贷活动也出现了“两极分化”。一方面产品有销路、企业有效益、资信良好的优质中小企业，成为各家银行的争夺对象，另一方面，一些有发展潜力而目前规模尚小、产品前景不明朗，或者暂时陷入困境、急需资金投入的中小企业，由于银行方面缺乏识别能力，往往受到冷落。这种情况造成的结果必然是：越是资金需求不紧迫的企业，越容易获得贷款，越是资金需求较紧迫的企业，反而贷不到款。

（三）房贷的大规模增长挤压了中小企业的贷款额

近些年，由于房价的不断攀高，房地产的发展异常迅猛，房贷的增量也水涨船高。房地产市场高温不退，吸引更多居民把个人财富配置到房地产市场里，造成了房贷需求的大涨。银行认为房贷是比较优质的金融资产，它的坏账率比较低，所以银行发放房贷的意愿非常强烈，这又反过来推动了房地产的进一步发展。

表 3－5　部分银行 2016 年房贷余额及不良率

名称	房贷余额（万亿元）	房贷不良率（%）
工商银行	3.24	/
中国银行	2.64	/
农业银行	2.6	/
建设银行	3.59	0.28
交通银行	0.77	/
浦发银行	0.46	0.34
招商银行	0.73	0.42
平安银行	0.085	0.09

数据来源：2016 年年报

据央行公布的数据，2016 年全年全国人民币贷款增加 12.65 万亿元，其中，以个人住房按揭贷款为主的住户部门中长期贷款增加 5.68 万亿元，占比达到 45%，相比 2015 年增加的 3.87 万亿，上涨了 46.8%。根据各大上市银行 2016 年年报数据统计发现，五大行成为发放个人房贷的主力部门，仅建行一家 2016 年就新增房贷 8117.52 亿元。2016 年，五大行的个人住房贷款涨幅在三成左右，5 家银行累计共新增个人住房贷款 2.92 万亿元。五大行中按揭贷款增速最快的是农业银行，2016 年年报显示其个人住房贷款新增 6329.52 亿元，增长 32.8%，农行个人住房贷款余额达到 2.6 万亿元，创历史新高。这一增速在四大行中最高，也远高于农行全行贷款9.1%的增速。工商银行2016年个人住房贷款新增7246.41亿元，增长28.8%。工行个人住房贷款占个人贷款比重继续攀升，由2015年的71.1%上升到77.2%，而工行的个人住房贷款余额也达到了3.24万亿元。此外，在其他股份制银行中，房贷增量在新增贷款中的比重也普遍超过50%。

由于银行的贷款额是有限的，贷款大规模流向房贷，必然会对实体经济的贷款造成冲击。在贷款竞争激烈的大背景下，银行会进一步倾向于将房贷以外的贷款投向信誉好、还款能力强的大企业以及盈利能力强的行业。在刚毕业的大学生都可以通过买房轻易从银行获得百万贷款的情况下，中小企业从银行获得贷款却是难上加难，就算获得贷款，往往也要付出超额的成本和代价。

融资难问题是摆在大部分中小企业面前的一个不得不面对的障碍，而中小型家电制造企业亦不能幸免。资金就像企业的血液一般，资金缺乏，企业的运转必然大受影响。党的十九大报告提出“深化金融体制改革，增强金融服务实体经济能力，提高直接融资比重，促进多层次资本市场健康发展”。为下一步中国金融发展与改革工作指明了方向，更为金融服务实体经济乃至中小型制造企业提供了契机。

二、品牌影响力薄弱的限制愈发突出

在供大于求，已基本处于买方市场的家电行业，越来越多的企业开始认识到，品牌是竞争制胜的法宝。在新常态下，消费者的生活压力增加，会使冲动型消费减少，理性消费增加，出于对质量、设计等因素更理性的考虑，消费者对产品的品牌将更加关注，影响力大的品牌与影响力较为薄弱的品牌在销量方面的两极分化将愈发突出，也就是说，拥有大品牌的大企业、特大企业会更容易推动销量增长，而品牌影响力较弱的中小企业生存将更加艰难。

国家统计局中国行业企业信息发布中心报告的数据显示，最近十年，在全国 80 多种主要消费品中，家电类品牌集中度基本都是最高的，前十位品牌市场占有率基本都在 70% 以上。其中，2006 年家电产业的数据统计显示，在家电类消费品中，冷柜品牌集中度最高，前十位品牌市场占有率为 97.65%；彩电、洗衣机、空调、冰箱前十位品牌市场占有率分别为 90.62%、87.1%、86.51%、83.9%。2013 年，空调市场中，格力、海尔、美的三家企业的占有率就高达 70.8%。相对于其他行业，洗衣机市场的竞争强度还是比较低的，但海尔、小天鹅、三洋与 LG 的市场占有率也高达 61.1%。由此可见，虽然整个家电产业市场十分庞大，但留给中小企业品牌的市场空间并不多。

近年来，随着生活水平的提高，人们对生活品质的要求越来越高，高端、智能、绿色成为家电产业发展最重要的方向，而在这些方面，资金、技术投入较多的大品牌无疑具有更大的优势，中小企业的生存空间将进一步被压缩。

原本中小型家电制造企业产品的优势是价格，但近些年来，大品牌产品为了消化库存和增加销量，大打价格战进行促销，使得中小型家电制造企业在价格方面的优势逐渐丧失。比如 2014 年，一向标榜自己“掌握核心科技”、不屑于价格战的格力电器放下身段，开始向对手们宣布：“不管你怎么样，我都会比你更便宜。”格力电器斥资百亿元发动价格战，2014 年国庆期间优惠力度空前，例如格力变频柜机降价 3000 元，购格力全能王变频空调送价值 3888 元的空气净化器等等。

此外，三四线城市市场和乡镇市场本是中小型家电制造企业的最后一块阵地，但近些年来，大品牌产品也开始大举进攻三四线城市市场和乡镇市场。比如，2017 年 9 月 15 日，四川格力中央空调市场趋势战略发布会在成都举行，标志着格力中央空调的销售渠道正式进入四川的各大乡镇。在大品牌对中小品牌“赶尽杀绝”“毫不留情”的危局下，中小品牌产品的生存空间几乎被挤压殆尽。

三、产业链整合不足的负面影响更加明显

从世界范围来看，中国家电企业之所以能够拥有不错的竞争力，中国之所以能够成为全世界的家电制造业中心，一个重要原因是中国家电制造企业的制造成本具有一定的优势。但近些年来，由于原材料价格的上升、以东南亚国家为代表的更低成本国家家电制造业的竞争等原因，中国家电企业制造成本的优势在逐渐丧失，在这种情况下，中国家电制造企业总成本的另外一个重要方面——交易成本高——的劣势逐渐凸显出来。据中国经济学界的泰斗，当代中国杰出经济学家、著名市场经济学者吴敬琏的研究，整个家电制造业的现状是制造成本占 53% 左右，而与流通、营销等相关的交易成本则高达 46% 。居高不下的交易成本，不仅削弱了家电企业的利润，还在很大程度上影响了家电企业运行效率的提高和整体竞争力的上升。而突出表现为区域、行业限制，上下游企业之间沟通不畅、信任度不足等现象的产业链整合不足问题，则是家电行业交易成本高企的另一个重要原因。

产业链整合不足原本是中国家电产业的整体问题，突出表现在两个方面：一是产业链完整度不足，若干关键环节发展滞后甚至出现缺

失，以至于中国家电产业未能形成真正的纵向链式效应；二是协同性不足，企业间资源共享和信息共享不足，企业间关系过于松散，以至于整个行业经营效率不高，容易出现供应不足和产能过剩的问题。

新常态下，规模较大的家电企业利用其雄厚的资金和较高的技术，大力整合产业链，不仅有效规避了家电产业整体产业链整合不足对自身造成的发展瓶颈，而且利用时机拉大了与中小型家电制造企业的差距。

2017 年8 月29 日至9 月19 日，格力电器通过集中竞价交易的方式持有海立股份股票4331.5621 万股，占海立股份总股本的5%。海立股份主要从事制冷转子式压缩机、车用涡旋式压缩机和制冷电机的研发、生产和销售，在空调压缩机领域处于领先地位。2017 年上半年，海立股份实现空调压缩机销售1202 万台，同比增长28.9%，在非自配套市场占比31.4%，保持行业领先地位。格力电器是国内知名的空调企业，其营收当中超过八成来自于空调业务，而海立股份一直是公司的供应商。格力电器持有海立股份股票，旨在扩充其产业链结构和整合产业优质资源，并借助上海国际化大都市地位的人才、信息和创新优势，打造产业链更加齐全的国际化企业。

对于广大中小型家电制造企业来说，相比于格力这样的大企业，产业链整合不足的负面影响在新常态下更加突出。

纵向来看，新常态下，行业整体增长放缓，为了缓解经营压力，处于家电产业链上游的企业会倾向于提高价格，直接导致家电制造企业成本的上升。数据显示，2017 年上半年，青岛海尔电冰箱业务营收增长48.49%，同期成本则增长了51.06%。但像海尔这样规模较大的企业可以通过改进技术提高生产率、收购上游企业等方式来降低成本，而缺资金、缺技术，附加值更低，对原材料的敏感性更高的中小型家电制造企业则只能被动接受成本上升的事实，导致利润被进一步压缩。

横向来看，新常态下，为了增加销量，企业间的竞争将更加激烈，规模较大的企业可以通过技术创新、广告营销等方式来增加竞争力，而中小型家电制造企业为了打击竞争对手，往往只能采取“拆台”“价格战”“挖墙脚”等手段，长此以往，不仅使企业产品利润进一步降低，而且影响了整个产业的发展。

四、分销能力差压缩了利润空间

新常态下，在家电市场整体增长逐步放缓的大背景下，行业内的竞争更加激烈。企业之间的竞争，不仅是产品的竞争，也是销售的竞争，甚至有时候销售方面的竞争比产品的竞争更激烈。对于大家电企业来说，面对整体产销增长放缓的态势，在分销渠道方面做出变革是其保持竞争力的重要手段。以格力为例，除了在苏宁、京东、国美等新型渠道销售产品外，格力还建有自营的网上商城，在每个省和当地经销商建立了省级股份制销售公司，促使经销商之间合作，形成渠道联盟。股份制区域性销售模式的实质是，在每个省选定几家大的经销商，共同出资参股组建销售公司，格力负责输出品牌和管理，在销售公司中只占少许股份，通过这种方式，格力大大降低了渠道的交易成本和管理成本。目前，格力主攻自身渠道，一旦大规模普及，销售成本将进一步降低。

与大企业、特大企业在销售方面改革的风风火火形成鲜明对比的是，中小型家电制造企业往往只能被动受制于经销商、代理商、大卖场，在当前激烈的市场竞争中，很难在销售方面实现突破。在与大企业和其他同类企业的竞争中，中小型家电制造企业往往只能靠降低价格来弥补自己在技术、设计等方面的不足，这又进一步压缩了企业的利润空间，影响了企业的可持续发展。

中小型家电制造企业产品销售主要依靠传统代理商体系，在当今互联网时代愈发显得低效、不经济，呈现出碎片化、高成本的特点。在传统代理商体系中，通常厂家会在一个省份授权给一个省级代理。这个省级代理再去发展下一级市代理，经济好点的市可以开放到两个代理，一般市级代理通常在20个左右。每个市级代理去发展终端渠道，以中小型家电制造企业的营销能力和市级代理的拓展能力以及现在严重供过于求的市场，一个市的有效终端大概只能够维护在几十个。有效终端通常是家电卖场、家电零售店，这样算下来，一个省的有效终端不超过1000个，但通常一个中等以上省份的家电卖场、家电零售店至少在10万家以上，也就是说，中小型家电制造企业的代理商体系，在一个省的完整代理商体系下渗透率不足1%，覆盖人口只有几十万。这就说明了，中小型家电制造企业现在的销售为何举步维艰。就是这1000个有效终端，代理商对终端的维护成本也会很高，因为这1000个有效终端必然十分分散，管理所需的精力和费用必然很高，运输费用也会高居不下，客观上减弱了产品价格在有效终端的竞争力。再加上激烈的外部竞争，经销商的业务拓展人员会很快被维护现有渠道的工作占据，而无力去开拓新的渠道和终端。在低利润的大背景下，代理商也无法加派足够的服务人员来提升终端的满意度，这就造成了中小型家电制造企业的产品在终端的口碑越来越差，最终形成恶性循环。此外，在激烈的市场竞争下，区域代理保护已名存实亡，串货成为工厂的默许通路，这无异于饮鸩止渴，最终将进一步损害原本就伤痕累累的代理商体系。如果不能从整个大供应链体系完成行业效率提升和成本的降低，纯粹靠区域价格差完成销量，会把整个行业的利润挤干。这样的结局，对于产业来说，并不是好事。

2008年12月份开始的“家电下乡”政策，曾经带给中小型家电制造企业短暂的春天，产品销售价格13%的财政资金直补迅速刺激了农村市场的家电消费，仅2010年通过政策刺激的家电销售额就接近3000亿元。家电下乡有600多个中标企业，其中消费者熟知的品牌不过几十个，另外几百个品牌均属于中小型家电制造企业，可以说，“家电下乡”政策及时挽救了遭受金融危机重创的中小型家电制造企业。然而到了2013年初，“家电下乡”政策彻底退出，很多中小型家电制造企业一下子失去很大一个销售渠道，再加上遭遇原材料价格、人工成本大幅上涨，产品利润进一步被压缩，企业经营遇到很大困难，有些企业甚至只得倒闭。

五、长远来看供大于求的市场形势不会改变

家电行业是我国近30年来发展最为迅速、竞争最为激烈、与国际接轨最为彻底的传统产业。从20世纪80年代到现在，家电产业市场，走过了从严重供不应求到需求大规模释放再到供大于求的历程。

中国的家电产业在时代变迁中的发展轨迹，可以归纳总结为四个阶段。

第一个阶段为1949年至1978年。这个阶段主要是老“三大件”——自行车、缝纫机和钟表——以及电风扇等老一代必备家用消

费品发展的黄金时期。在这个时期，市场还处于计划经济体制之下，由于所有的项目以及建设都必须报批中央政府统一规划，当时的企业并没有市场意识以及竞争意识。而没有市场作为导向，中央对老“三大件”等家用耐用消费品只是一味采取计划生产、计划供应，最终导致供给能力远远小于市场的需求。不仅如此，由于缺乏对于市场以及消费者的了解，当时的产品改良更新速度非常缓慢，产品的设计和款式几乎几十年都是一成不变，产品的价格也是由国家做主。这一阶段，家电厂家只要能够生产出质量稳定的产品，就可以生存得很好，几乎没有生存压力。

第二阶段是从改革开放开始到 1992 年。这一阶段，中国经历了从计划经济到逐步放开市场的过程，中国的家电产业有了质的飞跃。随着人均收入和购买能力的持续增长，新“三大件”——洗衣机、电冰箱和电视机等等新兴家用耐用消费品逐渐走进人民的生活，由于长期压抑的对家电产品的需求得到了充分释放，家电行业得到急剧发展，进入黄金发展时期。中央的放权以及让利使当时的地方和企业有了产品的自主权，企业发展的灵活性增强，无论是老“三大件”还是新“三大件”，产品设计和生产技术都猛追世界先进水平，老“三大件”也改变几十年不变的老面孔不断推陈出新，更新换代迅速。与此同时，新“三大件”的市场普及率也得到前所未有的增长。据统计，在这个时期，城镇居民家庭平均每百户彩电拥有量从 1985 年的 6.7 台增长到 1992 年的 19.5 台，增长了近 2 倍，而电冰箱的拥有量更是从 1985 年的 0.4 台增长到 1992 年的 3.4 台，增长了近 8 倍。

第三阶段是从 20 世纪 90 年代初到 21 世纪初，家电业开始出现一定程度的竞争，开始了一轮比较激烈的洗牌。在家电市场供不应求的局面下，一些企业采取了以大规模、大幅度提高生产能力利用水平为目标的生产策略，这种策略抓住了商机，取得了巨大的成功，迅速拉开了与竞争对手的距离。中国著名的家电品牌“海尔”就是在这个时期脱颖而出。

第四阶段是从21世纪初到现在。随着大量企业的进入，包括国外资本的大规模进入，家电市场逐渐饱和，许多企业陷入产品库存急剧上升、资金周转不灵的困境之中，行业洗牌越发激烈，家电行业面临以市场和客户为核心的新一轮竞争。

从目前来看，国内家用电器市场总体上供过于求，已进入“战国时代”，竞争非常激烈。从未来来看，国内家电产业供过于求的态势不会改变。在这种情况下，由于家用电器的行业壁垒不高，行业外部的企业可以轻易地进入本行业，加上家电产业总体规模十分庞大，是很多大企业实施多元化经营理想的目标行业，导致近年家用电器行业不断出现新的竞争者，比如这几年，乐视超级电视的突然出现就在彩电市场掀起很大一个波澜。

对于中小型家电制造企业来说，其市场竞争力与大企业无法相提并论，在这种长期供大于求、竞争激烈的行业中摸爬滚打，一不小心就有可能被淘汰出局。

六、电子商务的冲击

近些年来，我国家电产业电子商务的发展十分迅猛，数据显示（见图3－3），2016年家电行业线上销售额约3573亿元，同比增长22%。从2013年到2016年，家电线上销售额增长飞快，预计2017—

2018 年家电线上交易规模为 4398 亿元和 5250 亿元，增速分别为 23.10%和 19.38%。

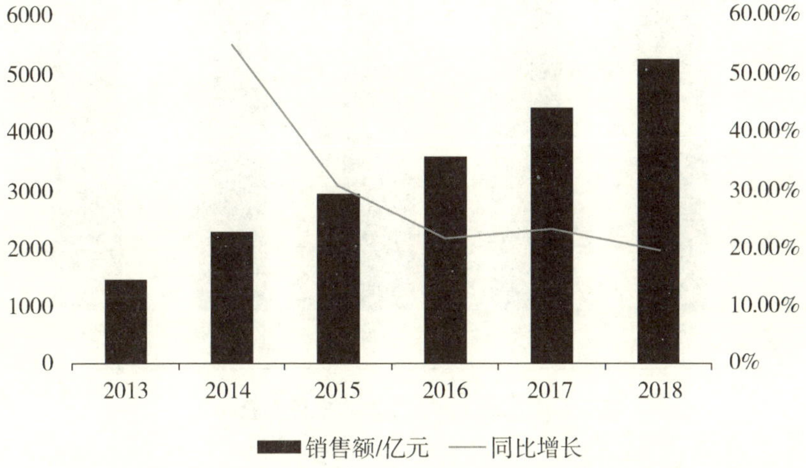

图 3－3　2013—2016 年家电线上交易规模及增长变化

数据来源：公开资料整理，2017、2018 年数据为预估数据

2017 年上半年家电网购的渗透率为 24.88%，而 2016 年家电行业网购渗透率为 19.95%，渗透率提升迅速。分品类看（见图 3－4），2017 年上半年空调、冰箱、洗衣机和平板电视的网购渗透率分别为 26%、33%、26%和 32%。

分品类看（见图 3－5），2017 年上半年线上大家电销售占比提升明显，销售规模比重由 2015 年 61.1%提升至 72.7%。主要原因是物流配送改善，大家电的购买更为便捷，尤其是空调在大家电品类中的销售占比从 2016 年 9.5%提升至 20.40%（见图 3－6）。

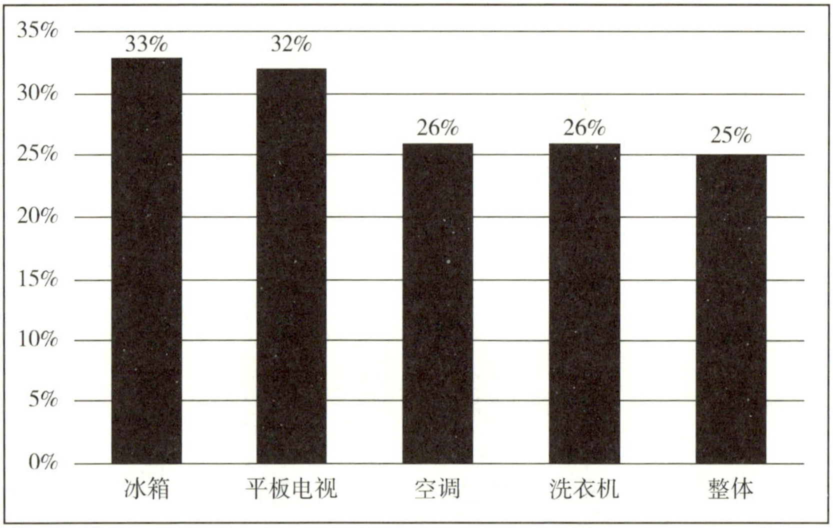

图 3-4 2017 年上半年家电线上渗透率

数据来源：公开资料、智研咨询整理

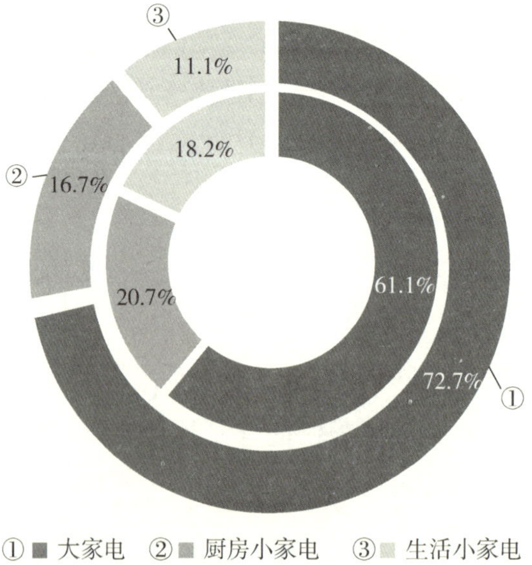

图 3-5 2015（内圈）及 2017 年上半年（外圈）各品类线上规模比例

数据来源：公开资料整理

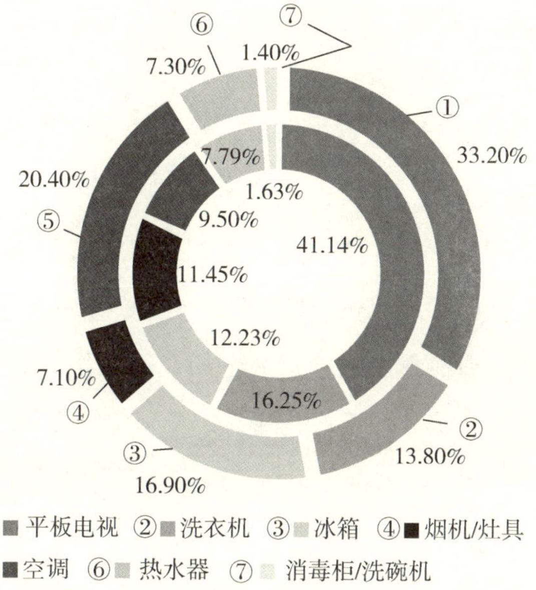

图3-6　2016（内圈）及2017年上半年（外圈）线上大家电各品类规模比例

总体来看，目前家电产业线上线下销售呈现冰火两重天的态势，线上家电市场繁荣火爆的同时，线下却一筹莫展，很多家电大卖场都是门可罗雀。以2016年上半年数据为例，2016年上半年家电行业线上市场表现势头良好，平板电视营业额增长43.7%，空调营业额增长60%，冰箱营业额增长42%，洗衣机营业额增长40.8%，热水器、油烟机、嵌入式厨电等产品营业额增长均在50%以上。而大家电线下市场却明显下滑，北京中怡康时代市场研究公司线下零售监测数据显示，2016年上半年，彩电线下零售额同比下滑15.4%，空调零售额同比下滑5.8%，冰箱零售额同比下滑7.8%，洗衣机零售额同比下滑2.9%。

对于中小型家电制造企业来说，电子商务的发展可谓机遇与挑战并存。

机遇在于，相比于线下市场，目前家电线上市场品牌集中度还不高。在大家电线上市场，分品牌看，大家电中海尔和美的线上市场份额占比领先，2016 年销售份额分别为 10.0% 和 8.7%，其余品牌份额占比均低于 5%。线上大家电市场集中度前三品牌占比仅为 23.5%。线下市场份额集中度远高于线上，2016 年空调线下前三品牌为 68.84%，冰箱前三品牌为 55.66%，洗衣机前三品牌为 64.26%。小家电线上市场集中度也低于线下渠道：线上生活小家电中，飞利浦、美的以 10.9% 和 6.5% 的份额排名居前；线上厨房小家电中，美的、九阳和苏泊尔占比分别为 21.0%、13.5% 和 10.5%。总体来看，中小型家电制造企业在线上的生存空间比线下大。造成这种情况的原因主要是两点，一是线上进入门槛低，品牌较多较杂，得益于线上较低的营销成本，中小型家电制造企业的产品可以充分发挥价格低的优势来与大品牌产品竞争。以料理机为例，根据奥维咨询（AVC）数据监测体系，2014 年 10 月料理机线上品牌数为 354 家，而线下只有 76 家。二是相对于经营时间较久、较为成熟的线下渠道，出于担心冲击线下渠道等方面的考虑，大企业对线上渠道的经营还不够，投入还不足，对线上消费群体的把握了解还不够准确，从而给了中小型家电制造企业机会。比如格力直到 2014 年，才开始大规模布局线上。但在未来，大企业会大规模加大对线上渠道的投入，中小型家电制造企业在线上的空间将会被大大压缩。目前，美的、海尔、格力、志高等大型家电企业基本都建立了自己的官方商城，线上销售的产品品类非常多，而且往往要比实体门店或天猫上的价格优惠不少，现在这些官方商城还处于摸索阶段，销售额还不大，但在未来值得重视。此外，以京东为代表的专营大品牌产品的网上商城发展十分迅猛，比如京东现在已经占据了家电线上销售市场 40% 以上的份额，2017 年“双十一”，京东的销售额突破千亿元。这些大型商城很少与中小品牌合作，基本是大品牌的逐鹿场，其未来的高速发展也必然会带动线上渠道品牌集中度的提升。

挑战在于，相比于大企业，电子商务对中小型家电制造企业线下渠道的冲击会大得多。首先，在价格透明的线上渠道，为了与大品牌竞争，中小型家电制造企业的产品通常只能采用低价策略，与大品牌的价差通常比线下的价差还要高，这就造成线上渠道销售的商品在线上售卖的价格比线下零售店的要便宜，约20%的差价就足以让线下渠道产业链产生很大的动荡，严重影响线下的销售。有的电商为了追求销量，培养客户黏性，甚至采用战略性亏损的销售策略，严重扰乱了经销商体系的价格。其次，线下渠道相比于线上来说容易培养忠诚的客户，但在线上渠道的冲击下，线下渠道培养的忠诚客户很容易流失，一旦线上销售出现停滞甚至下滑，线下渠道就很难再恢复。最后，电子商务的发展会引发更为严重的“串货”行为。电子商务是没有省界的，而传统渠道有严格的省界，现在各类产品都在网上有售，我们基本上可以在网上找到市面上绝大多数的家电产品。这些产品大多不是厂家直接销售的，而是各级经销商利用价差、渠道的差异化的价格而开展的趋利行为。例如，某省代理商在网上以超低价铺货，算上赠品甚至低于出厂价，由于网上的价格较为透明，导致某些省代理都不追求利润，而只追求出货量，从而拿到更多返点。面对这种状态，如果中小型家电制造企业闭着眼睛视而不见，最终的结果肯定是渠道越来越乱，最终会从总体上伤害到产品的销售。

第四章

基本契機

现代管理学之父彼得•德鲁克有一句名言：“预见正在发生的未来”，强调要正确判断未来的重要趋势，制定现在的政策。对于中国的企业来说，一个非常重要的判断未来的方式是紧紧把握国家经济政策的动向。

中国特色的社会主义市场经济，有一个方面的特点是与欧美市场经济迥然有异的：中国政府对经济的影响力要远远大于欧美国家，而且影响方式也更加多元化，经济手段、法律手段、行政手段十八般武器轮番上阵。这个特点决定着，中小型家电制造企业要想摆脱困境，走向更进一步的发展，离不开对政府政策的充分利用，而“四纬一体　互联互通”新商业模式要想成功，也离不开与国家相关政策的契合。

如果“四纬一体　互联互通”新商业模式是助力中小型家电制造企业发展的帆，那相关的国家、省的扶持政策就是东风，“潮平岸阔催人进，风正扬帆正当时”，构建一个好的商业模式是一种能力，充分利用国家和省的政策契机也是一种能力，而且是非常重要的能力，掌握好这两个能力，企业的发展就可以事半功倍。

第一节　中央提出扶持中小企业和振兴实体经济

一、扶持中小企业

按照2013年底的国家统计，中国现在有1500多万家企业。在这1500多万家企业当中，1100多万家企业是小型和微型企业。如果再加上个体工商户，那么小型微型企业应该占到企业总数的94%，这是一个什么概念呢？就是说我们国家的工业企业，或者其他类型的企业，从数量上来讲，大部分还是中小微型企业。中小微企业是中国数量最大、最具创新活力的企业群体，提供了50%以上的税收，创造了60%以上的国内生产总值，提供了80%以上的城镇就业岗位，具有不可替代的作用。2015年3月5日，第十二届全国人民代表大会第三次会议在北京人民大会堂开幕，国务院总理李克强在《政府工作报告》中强调："中小微企业大有可为，要扶上马、送一程，使'草根'创新蔚然成风、遍地开花。"

党中央、国务院高度重视中小企业发展，形成了一部法律和多个国务院文件为主的法律政策体系。一部法律：2002年全国人大颁布了《中小企业促进法》。多个文件：2005年国务院出台《国务院关于鼓励支持和引导个体私营等非公有制经济发展的若干意见》，这是新中国成立以来第一个支持非公有制经济发展的国务院文件；2009 年，为了应对国际金融危机，国务院出台了《国务院关于进一步促进中小企业发展的若干意见》，提出了营造有利于中小企业发展的良好环境、切实缓解中小企业融资困难、加大对中小企业财税扶持力度等 8 大方面 29 条具体意见；2010 年，国务院出台了《国务院关于鼓励和引导民间投资健康发展的若干意见》；2012 年，针对中小企业特别是小微企业发展出现的新情况、新问题，国务院出台了《国务院关于进一步支持小型微型企业健康发展的意见》；2014 年，国务院出台《国务院关于扶持小型微型企业健康发展的意见》，强调充分发挥现有中小企业专项资金的引导作用，鼓励各级政府设立的创业投资引导基金积极支持小型微型企业；2015 年 3 月，国务院出台《国务院办公厅关于发展众创空间推进大众创新创业的指导意见》，强调通过加强财政资金引导、完善创业投融资机制来鼓励中小企业的发展；2015 年 6 月，国务院出台《国务院关于大力推进大众创业万众创新若干政策措施的意见》，提出建立和完善创业投资引导机制。

近些年来，国家还出台了一系列单独的扶持政策，比如，2013 年，国务院出台中小企业所得税减免政策，把年所得税额提高到 10 万元。2015 年，国务院设立总规模为 600 亿元的国家中小企业发展基金，用市场化的办法，重点支持种子期、初创期成长型中小企业发展。

为何在国家如此密集的扶持政策下，中小企业发展仍然举步维艰呢？只能说，中小企业发展的困境是新常态下必然出现的一种现象，如果没有国家的这些扶持政策，中小企业的发展或许更加困难。

二、振兴实体经济

谈到实体经济，就不得不提近几年来较热的一个经济词汇——虚拟经济。虚拟经济是市场经济发展到一定阶段，伴随着金融深化的必然产物，它与实体经济一起，构成了现代市场经济中的两大经济模式。虚拟经济是资本运行在金融及其派生系统中所形成的经济形态；实体经济是将资本运行在“先用货币资本购买具有特定使用价值的商品劳动力和生产资料，经过生产过程变成了产品，资本家将含有剩余价值的商品拿到市场上出售”这样的循环系统中所形成的经济形态，简而言之，就是虚拟经济不直接生产价值，而实体经济生产价值。举例来说，如果商品房是买来自住，那它就是实体经济，如果是买来投资，那就是虚拟经济。

实体经济是国家经济发展的根本，是虚拟经济的前提和基础，只有实体经济健康发展，虚拟经济才能步入良性发展的轨道；虚拟经济是实体经济发展的内在需求，归根到底是为实体经济服务的，不仅为实体经济发展提供资金支持，而且还能够有效促进实体经济物质资源的优化配置。如果虚拟经济过热且长期与实体经济发展不相匹配，就极其容易导致资产泡沫加剧膨胀、金融风险集中爆发，甚至造成新一轮金融危机。因此，必须坚持实体经济和虚拟经济均衡协调发展，坚持“两条腿”走路，不能一长一短。近几年来，我国虚拟经济的发展十分迅猛，与此形成鲜明对比的是，以制造业为代表的实体经济的增长速度却逐步放缓。实体经济与虚拟经济脱节，成为当前我国经济最突出的结构性矛盾之一。从图 4 - 1 可以发现，2012—2016 年，作为实体经济代表的工业增长速度逐年降低，并在2015年、2016年降到6%的中低速。

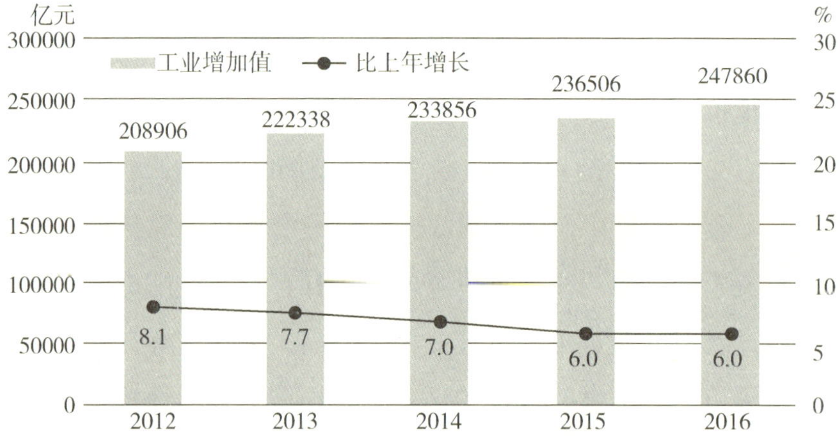

图4-1　2012—2016年全部工业增加值及其增长速度

资料来源：国家统计局编《中华人民共和国2016年国民经济和社会发展统计公报》

虚拟经济的过度发展，会对实体经济发展造成很大的危害。首先，虚拟经济具有高度流动性、不稳定性、高风险性和高投机性等特征，当虚拟经济的发展超过实体经济时，货币幻觉使人们对经济基本面上的繁荣有着良好的预期，于是将自己的闲置资金甚至节约消费的资金投入到虚拟经济当中，在这种氛围的助推下，泡沫会越滚越大，当终有一天泡沫破灭之时，往往也伴随着经济危机的爆发，2008年席卷全球的金融危机就是一个典型例证。其次，大量资金脱离实体经济投向虚拟经济，加剧了企业的融资成本。据中国银行业协会统计，2015年末银行理财产品余额达23.50万亿元，同比增长56.46%，大量货币资本在银行和各种金融机构之间循环获利和套利，形成资金空转，既冲击了银行正常的资金流通，又加剧了流动性不足的“钱荒”，使得大量企业想融资却贷不到款。最后，在虚拟经济高回报的诱惑下，大量实体企业纷纷介入虚拟经济的经营，加剧了实体经济的困难。例如，近几年来，随着房价的大幅上涨，大量企业将资金投入房地产市场进行投机套利活动，减少了企业的固定资产投资额度，从长远看，非常不利于企业的扩大再生产。

从国际背景看，美国、欧洲等发达国家和地区已逐渐认识到，实体经济尤其是制造业对本国经济、社会甚至文化的重要性。特别是金融危机以后，欧美各国纷纷推出振兴计划，进行产业结构调整，以实现产业结构的再平衡。以美国为例，金融危机的爆发使美国意识到，仅有华尔街的繁荣是支撑不起一国经济的，甚至可能会拖累国民经济。因此，在奥巴马执政期间，美国采取减税等政策吸引制造企业回到本土，特朗普上台后，也大力采取措施重振美国制造业。

实体经济是我国国民经济的基础和支柱，也是我国经济快速增长的主要动力。面对近年来我国实体经济遭遇的多重困境，2016 年 12 月，2017 年中央经济工作会议在北京召开，“着力振兴实体经济”被制定为 2017 年经济工作的主要任务之一，传递出积极信号。会议指出：“实施创新驱动发展战略，既要推动战略性新兴产业蓬勃发展，也要注重用新技术新业态全面改造提升传统产业。要建设法治化的市场营商环境，加强引进外资工作，更好发挥外资企业对促进实体经济发展的重要作用。要更加重视优化产业组织，提高大企业素质，在市场准入、要素配置等方面创造条件，使中小微企业更好参与市场公平竞争。”2017 年 3 月 7 日，习近平总书记在全国“两会”辽宁代表团参加审议时强调：“不论经济发展到什么时候，实体经济都是我国经济发展、在国际经济竞争中赢得主动的根基。”党的十九大报告也着重提出：建设现代化经济体系，必须把发展经济的着力点放在实体经济上，把提高供给质量作为主攻方向，显著增强我国经济质量优势。

在中央和习近平总书记的大力倡导下，“振兴实体经济”成为各地政府经济工作的重中之重，并出台了大量振兴实体经济的举措。比如2017年3月，江苏省制定《关于加快发展先进制造业振兴实体经济若干政策措施的意见》，推出发展先进制造业振兴实体经济的26项政策。在2017年的广东省政府工作报告中，10次提到“实体经济”，并专门用一个章节来阐述如何“以提质增效振兴实体经济”。

作为实体经济的重要组成部分，家电制造企业应该趁着中央和各地政策的春风力图振作、重振雄风，实现新常态下的破局，对于经营相对困难的中小型家电制造企业来说，更应该牢牢把握时机，努力利用中央政策走出困境。在当前中央政策利好的大背景下，“四纬一体 互联互通”新商业模式将获得事半功倍的效果。

第二节　广东省扶持实体经济

广东历来是以制造业立省，是有名的世界工厂。改革开放以来，广东凭借着制造业的迅猛发展，带动经济保持了30多年的高速发展，从一个落后的农业省一跃成为中国经济最发达的省份之一，地区生产总值长期位居中国第一位，经济总量先后在1998年超越新加坡、2003年超越中国香港、2007年超越中国台湾，并有望在2022年左右赶超"亚洲四小龙"中最大的经济体韩国。如果把广东当作一个独立的经济体，数据显示，2016年广东地区生产总值为79512.05亿人民币，换算成美元是11578.8亿美元，世界排名约居第15位，大致与墨西哥相当，直逼老牌发达国家西班牙。

在广东的制造业中，家电产业是最有代表性的产业之一，也是最能体现广东制造业在全国地位的产业之一，同时也是广东省改革开放近40年来发展最快的产业之一。广东家电行业产业链完备，并具备了较强的集成创新能力和一定的自主创新能力，是广东工业九大支柱产业之一。广东家电产品种类丰富，在生产规模、市场份额、出口额等方面居全国前列。广东的家电产业集聚效应明显，形成了以佛山、中山、湛江等市为代表的白色家电产业集群和以深圳、惠州为代表的黑色家电产业集群以及深圳、东莞两大出口加工区。同时，广东家电上游配套产业体系齐备，在模具制造、产品设计和应用创新等方面有较强的制造配套能力和成本优势。

以2010年数据为例，广东省规模以上家电企业共有1360家，企业资产总额为2600.1亿元，销售收入和出口交货值占全国比重均超过40%，位居全国首位。全省家电工业总产值4374.11亿元，其中空调、微波炉、电饭锅、电风扇等产品在国内的地位举足轻重。广东拥有格力、美的、格兰仕、科龙、志高、万宝、万和、康宝、东菱、TCL等一批核心企业和全国知名品牌。这些企业不仅在国内市场拥有极高的市场份额，而且得到国际业界的认同，在全球市场占有重要的比重，对引导消费、对行业发展有显著的带动效应。珠三角是全国最大的空调、电冰箱、热水器、消毒碗柜、空调压缩机等家电生产基地，也是全球最大的电风扇、电饭煲和微波炉供应基地。珠三角的家电产业集群，是广东家电类产品产量在全国独占鳌头的主要原因。

成也制造业，败也制造业，广东靠制造业起家，但广东制造业固有的一些特点，却让广东成为经济新常态特征最明显的地区。一方面，广东制造业外贸依存度很高，以2002—2007年数据为例，广东出口增速保持在22.0%以上，年均增长25.3%；地区生产总值增速保持在12.0%以上，年均增长14.2%。2002—2007年，广东外贸依存度（出口额占国内生产总值的比重）平均为84.3%，其中2006年高达92.0%。快速增长的出口额，为广东经济的长期繁荣做出了巨大贡献，但这种对国外市场高度依赖的经济发展模式，很容易受到国际市场波动的影响，2008年国际金融危机中，广东是国内最早受到冲击的地区，也是受冲击最严重的地区，2008年广东外贸出口增速大幅下滑，直接导致地区生产总值增速从2007年的14.9%降到2008年的10.4%。金融危机之后，广东外贸依存度有所降低，但依然很高。近些年来国际经济整体处于低迷状态，贸易保护主义抬头，欧美国家尤其是广东制造业最重要的出口地之一美国喊出了“制造业回归”的口号，今后外需不足将成为常态，广东制造业将依然面临较大的困境。另一方面，广东制造业仍然存在大而不强的问题。制造业体量大、筋骨弱，以单独经济体计算，广东制造业规模排名位列世界第五位。但不容忽视的是，广东制造业在全球产业价值链中整体上仍处于中低端环节，“缺芯少核”“卡脖子”现象不同程度存在，新旧动能转换在加快但又接续不力的矛盾较为突出，以食品饮料业、纺织服装业、建筑材料业为代表的广东传统产业消减过快，新兴产业虽大幅增长但赶不上传统产业消减的速度。在新兴产业中，同样存在结构不合理的问题，电子信息产业“一业独大”，占规模以上工业增加值的近1/4。

面对困境，广东在全国率先做出应对措施，大力加快推动结构调整、转型升级、创新驱动发展，实施“双转移”“双提升”战略等措施，带动广东逐步适应经济新常态，以高于全国平均水平的经济增长速度继续领跑。进入2017年以来，广东积极响应中央“振兴实体经济”的号召，在2017年广东省政府工作报告中，提出“坚持制造业立省”的观点，在2017年5月召开的广东省第十二次党代会上，时任广东省委书记胡春华又进一步指出，“要坚持制造业立省不动摇”。

2017年8月，《广东省降低制造业企业成本支持实体经济发展的若干政策措施》（以下简称《措施》）正式公布，提出降低企业税费负担等10条举措，成为近些年来广东制造业的最大政策利好。

《措施》共分10条：

一是降低企业税收负担。预计实施后城镇土地使用税整体减幅为

40%左右，车船税总体减幅在25%左右。

二是降低企业用地成本，鼓励合理缩短工业用地出让年限。

三是降低企业社会保险成本。预计实施后广州职工医保单位缴费费率将逐步降到6.5%左右，全省工伤保险平均费率将下降20%—30%。

四是降低企业用电成本，降低相关费用标准和天然气发电上网电价。预计实施后仅2017年就可减少全社会用电成本约280亿元。

五是降低企业运输成本，省属国有企业控股高速公路路段货车试行通行费8.5折优惠，并停止审批新的普通公路收费项目。

六是降低企业融资成本，通过省财政对民营企业上市融资给予补助，对中小微企业开展应收账款融资给予支持。

七是降低企业制度性交易成本，投资审批事项和时限再减1/4以上。

八是支持工业企业盘活土地资源提高利用率。

九是支持培育制造业新兴支柱产业。

十是支持企业开展技术改造十个方面。

“实体经济十条”实施后，预计2017—2020年累计可为企业直接降低成本2600亿元，2017年当年就能降低成本620亿元。力度空前，各种优惠可覆盖到每一个企业，“加法”“减法”并用，作为降成本措施的“减法”共有7条，作为支持措施的“加法”有3条。《措施》的出台，无疑为广东各制造业企业注入了一剂强心剂。

对于广大中小型家电制造企业来说，《措施》的出台是企业走出困境的重要契机，但这并不意味着企业可以坐享其成，等待救济，否则同样只能被市场淘汰。企业应该积极主动出击，努力调整发展模式，适应乃至引领经济新常态。中央及广东省振兴实体经济的一系列重大部署，为“四纬一体　互联互通”新商业模式的践行提供了重要助力，在很大程度上降低了参与新商业模式企业的运行成本，为新商业模式的成功提供了保障。

第三节 粤港澳大湾区建设为新商业模式提供了新的机遇

自改革开放以来，珠三角一直处于改革开放的前沿，无论是先进制造业，还是现代服务业都在快速发展，珠三角经济成为我国改革开放成就的最直接体现。与此同时，珠三角经济总量和影响力，在短短不到40年的时间内，迅速崛起，跻身全球前列。正是在这样的背景下，“粤港澳大湾区”的概念被正式提出，并且它作为珠三角经济区区域经济在新时期的战略升级，得到了从中央到地方的积极响应、高度重视以及大力推进。

粤港澳大湾区包括广州、深圳、珠海、东莞、惠州、中山、佛山、肇庆和江门等9个内地城市以及香港、澳门两个特别行政区。面积5.6万平方公里，人口数量6600多万，2016年粤港澳大湾区城市群的地区生产总值总量已经达到1.36万亿美元，对外货物贸易额超过2万亿美元（见表4-1）。粤港澳大湾区是继美国纽约湾区、美国旧金山湾区、日本东京湾区之后，世界第四大湾区，是国家建设世界级城市群和参与全球竞争的重要空间载体。2016年3月，国务院印发的《国务院关于深化泛珠三角区域合作的指导意见》明确提出，“携手港澳共同打造粤港澳大湾区，建设世界级城市群”。2017年3月5日召开的十二届全国人大五次会议上，国务院总理李克强在政府工作报告中提出，要推动内地与港澳深化合作，研究制定粤港澳大湾区城市群发展规划，发挥港澳独特优势，提升在国家经济发展和对外开放中的地位与功能。至此，粤港湾大湾区的新蓝图正式面世。2017 年 3 月 6 日，在十二届全国人大五次会议广东团全体会议上，全国人大代表、广东省发改委主任何宁卡发言时系统论述建设粤港澳大湾区：粤港澳大湾区是我国改革开放的前沿和经济增长的重要引擎，国家高度重视和支持粤港澳大湾区的发展。广东的广州、佛山、肇庆、深圳、东莞、惠州、珠海、中山、江门9 市和香港、澳门两个特别行政区形成的粤港澳大湾区，具备建成国际一流湾区和世界级城市群的基础条件。

表 4－1　2016 年粤港澳大湾区各市经济状况

	人口（万人）	面积（平方公里）	GDP（万亿元）	资金总量（万亿元）
香港	737	1104	2.1	9
澳门	64.5	33	0.3	0.72
广州	1404	7434	1.96	4.75
深圳	1191	1997	1.95	6.4
东莞	820	2465	0.68	1.2
惠州	478	1.2 万	0.34	0.5
佛山	746	3875	0.86	1.33
江门	454	9504	0.24	0.4
中山	323	1784	0.32	0.5
珠海	167.5	1711	0.22	0.6
肇庆	408	1.5 万	0.21	0.2
大湾区	6799	5.65 万	9.18	25.6

改革开放以来，港澳地区对中国尤其是广东的经济起飞发挥了巨

大的作用，这是毋庸置疑的。2008 年，在改革开放 30 周年的历史时刻，时任国家主席胡锦涛指出：在我国改革开放的历史进程中，广大香港同胞、澳门同胞发挥了重要作用，做出了突出贡献。近 40 年来，广大港澳同胞通过投资、贸易和多种形式的合作，在国家发展外向型经济，推动产业结构升级、技术进步、创造财富、增加就业，完善社会主义市场经济体制，促进教育文化体育事业发展等方面，都发挥了不可替代的作用。改革开放之初，内地投资环境差，政策不完善，投资前景不清晰，外资犹豫观望。在这种情况下，是香港同胞怀着赤诚的爱国之心和敢为天下先的精神，率先大胆到内地投资建厂。作为“第一个吃螃蟹的人”，香港工商界人士在内地对外开放中创造了许多第一：1978 年第一家由境外人士开办的工厂——珠海香洲毛纺厂，1980 年第一家中外合资企业——北京航空食品有限公司，1983 年第一家五星级酒店——白天鹅酒店。这些都是港商的杰作。香港是内地改革开放最大的直接投资来源地。1979—2007 年，内地累计吸收香港直接投资项目 28.85 万个，实际使用港资累计 3085.33 亿美元，分别占内地引进外资项目和实际利用外资的 45.2% 和 40.4%，在 20 世纪 80 年代中期，港资曾一度占到内地利用外资的 60%。此外，香港还是内地企业最大的海外筹资中心，数百家内地企业通过在香港上市，筹集到上万亿元的海外资金，大大促进了企业的发展。可以想象，如果没有港澳的作用，中国的改革开放必然要曲折得多。对于广东来说，之所以能够在改革开放之后迅速成为中国经济最发达的省份，并霸占中国内地经济最发达省份榜首位置近 30 年，正是得益于港澳这两个邻居。

然而由于国家实行“一国两制”政策，港澳对内地经济的贡献更多地停留在“前店后厂”模式和融资方面，港澳与广州、深圳等城市各具独立的战略定位、发展目标与模式，造成彼此之间在港口贸易、制造业基地、金融服务、创新区建设等诸多领域呈现明显的长期竞争而非合作的关系，香港国际金融中心、航运中心、贸易中心的地位没有得到充分的利用。此次国家和广东省大力推动粤港澳大湾区的建设，并得到港澳地区的积极响应，湾区通过制定科学的统一规划与产业布局，大力推动资源共享与优势互补，大力推动湾区交通等基础设施建设，再加上港珠澳大桥的开通，港珠澳实现一小时之内通达，相信必然会推动湾区经济实现新的突破和起飞。

对于广东的中小型家电制造企业来说，粤港澳大湾区的规划建设同样是一个重大机遇。未来，粤港澳大湾区将大力推动区域内“人流、物流、资金流、信息流”四要素实现一体化，并利用港澳带动珠三角走向国际化、全球化，使珠三角尽快在经济上实现与港澳接轨、与世界接轨。这对于外贸依存度较高的广东中小型家电制造企业来说，无疑是一个重大利好。

第二篇

模式解读

第五章

基本流程

“四纬一体　互联互通”新商业模式是一项较为复杂的系统工程，涉及多方的利益，如果进行得当就能为公司带来巨大的好处，但其同时也具有一定的风险。这就要求在“四纬一体　互联互通”新商业模式中，中小家电制造企业在实施整合供应链和平行并购企业时，必须严格按照一定的流程进行，如果跳过某些流程，或者是在实施某一流程时发生疏忽，都有可能导致失败。

或许严格按照流程进行并非最好的选择，图为它也有可能造成时间和精力、财力的浪费。这就有点类似于民主制和君主制的区别。通过民主选举产生的元首很多时候都不是能力最强的人，甚至是个庸才，而且在推行政策的过程中会遇到很多阻力，民主制下的决策机制往往会影响执行的效率，而君主制也有可能诞生雄才伟略的帝王，在推行政策时更雷厉风行。但民主制之所以比君主制更适合现代社会，根本原因在于民主制下产生的元首即使不能够有很高的能力，做出很大的贡献，但通常在流程和体制的限制下也不会造成很大的破坏，而君主制下一旦产生品行不端的君主，因为没有流程和体制的制约，往往会对国家和人民造成巨大的破坏。从这个角度来看，流程约束必不可少，是有效规避市场风险的重要保障。

第一节　整合上下游供应链的流程

供应链是20世纪90年代以来，国际上出现的一种新的企业组织形式和运营方式，是指从客户（或消费者）的需求开始，经过产品设计、原材料供应、生产、批发、零售等环节，到最后把产品送到最终用户的各项制造和商业活动所形成的网链结构。家电供应链包含了与产品生产和销售相关的所有供应商、生产商、贸易商、分销商和零售商的分工和合作，简单来说，家电供应链包含了三个部分，即上游的供应商、中游的生产商和下游的分销渠道。在以供应链为基础的运行模式下，每一件产品的价值都是由整个供应链共同创造的，每一件产品的竞争力实际上体现了整条供应链上下游各个环节的整体竞争能力。相对于通过扩大生产规模、降低成本来增加效益的做法，整合供应链提供了一种新的思考方法和途径，它使企业可以通过改善经营理念、再造业务流程、理顺与上下游企业的合作关系来提升效益、增强竞争力。

志高集团董事局主席、创始人李兴浩认为："当前行业竞争，供应链竞争将成为关键因素之一。在我看来，供应商与经销同等重要。"在"四纬一体　互联互通"新商业模式中，整合上游供应链和下游分销渠道是重要一环，其流程主要包含以下几个方面。

一、转变内部思想观念

在传统的企业发展模式中，制造业供应链的上游、中游和下游是截然分开的，制造业企业也习惯了“采购—生产—销售”这种企业运行模式。企业整合上游供应链和下游分销渠道需要企业各个层面的支持，需要家电制造企业内部各层级的员工要真正地转变传统思想观念，理解整合上游供应链和下游分销渠道的本质和目的，树立供应链管理的理念。这就需要企业在发起整合供应链之前，要积极培养引领供应链管理方面的人才，引导企业员工树立大供应链生产的思维。

二、变革机构和考核机制，组织人力

在引导企业员工转变思想观念的同时，企业需要在组织机构方面进行一定的变革，以适应供应链整合后的管理需要。比如，在传统的制造业企业中，通常市场部和销售部是有很明显的区分的，市场部负责通过调研和反馈制定长期营销战略，通常不直接接触渠道商，更很少接触消费者；销售部负责具体的把产品通过渠道商卖给消费者的活动，与渠道商直接接触，而与消费者直接接触的机会比较少。但在整合下游分销渠道后，企业会与消费者直接发生关联，这就对企业市场部和销售部提出了更多的职能要求，相应的，市场部和销售部为了适应这种变化，必须在组织结构方面做出一定的改变。

同样，为了适应整合供应链后的新变化，企业在绩效考核、人员配置方面也需要做出全方位的改革，从而为供应链整合打好基础，促进供应链整合畅通无阻地进行。

三、锁定战略合作目标

选择合适的企业作为供应链整合的对象是整合上游供应链和下游分销渠道最重要的一个步骤，也是成功的关键。

首先，要找准自身的定位和战略目标。找到合适的合作伙伴的前提是对自身有清醒的认识，包括对自身的财务能力、品牌影响力、经营战略等有清晰的了解，只有如此，才能找到与自身相匹配的合作伙伴。另一方面，要对自己整合上游供应链和下游分销渠道的目标有清晰的认识。目标引导行动，如果目标不明确，或者目标朝令夕改，那就很可能导致在选择合作伙伴时摇摆不定，甚至挑选到不适合自身目标的合作伙伴。

其次，圈定候选合作伙伴。根据自身的定位和目标，筛选相关行业的候选企业。在筛选的过程中，要遵循一些基本的原则，比如候选企业必须是相关行业内较有潜力的企业，必须在规模和影响力上有一定的可操作性。

再次，对候选企业进行详细的调查，锁定目标企业。调查是整合能够成功的重要一环，直接关系到后续的谈判和整合的方式。调研主要包括候选企业的生产线、客户群、品牌、劳动力规模及结构、管理风格、企业文化等等。

最后，是进行整合谈判。在谈判过程中，设计一种充满合作和信任的供应链关系，建立公平的利润分配机制，是谈判成功的关键。

四、建立合理的供应链关系

在谈判成功后，双方通过一定程度的整合，建立一个合作有序、利益共享的供应链关系，才是达成整合目标的最终途径。这种关系应当包含以下几个方面：

一是信息共享。整合上游供应链和下游分销渠道的一个重要目的是实现资源的优化配置，而信息共享是资源优化配置的前提，只有在这个前提下，才能在供应链内实现供需平衡，缓解上游供应风险和下游库存风险，从而降低交易成本，提高企业的竞争力。在建立信息共享的过程中，利用互联网思维和互联网技术相当重要，只有充分利用当代的互联网技术，信息共享才能达到最优化。津晶电器正在规划中的孵化行业大数据服务的企业，积累平台交易原始数据与企业会员数据，就是实现供应链信息共享的一个大胆的尝试。

二是利润分配合理。趋利性是企业的本质，没有不想赚钱的企业，只有总利润在供应链各方之间进行合理公平的分配，供应链关系才能得到长期稳定的维持。在下游分销渠道中，利润分配权之争其实质是渠道权力之争，而渠道权力之争又严重影响到整个渠道的效率和效益，影响整个供应链运行的稳定性。通常来说，供应链中处于主导地位的核心企业要比非核心企业拥有更多的渠道权力，会倾向于做出更有利于自身的行动。2004 年，国内家电渠道霸主国美电器擅自将国内空调界霸主格力的产品降价出售，导致双方合作破裂，其实质，就是渠道利润之争引发的渠道权力之争。

三是合作有序。整合供应链的根本动机，是整合后的交易成本低于整合前，而实现这一目标的关键是建立一个合作有序的供应链，减少双方在信息沟通、资源利用等方面的损耗。近些年来，随着原材料价格的上升，家电产业上游供应链乱象丛生，原材料以次充好的问题非常突出，直接导致后续生产的产品质量发生问题。为了保证产品的质量，津晶电器大力加强供应链管理，推动建立高标准的供应商队伍，形成了合作有序的供应链，有力地促进了企业的发展。

第二节 平行并购的流程

我国的企业并购是在20世纪90年代确立了社会主义市场经济的改革方向以后才逐渐兴起的，到今天只有20多年的时间，但并购在我国的发展速度相比国外要迅猛得多，并购已成为中小企业快速和超常规发展的重要路径与捷径。投中集团统计数据显示，仅在2012年1—11月，中国市场宣布并购交易的案例数量就达3379起，披露的交易规模达2660.7亿美元。

企业并购对于企业发展具有非常重要的作用，甚至事关一个企业的生死存亡。据统计，全球有将近三分之一的小企业是通过不断并购才逐步发展壮大为大企业或者跨国公司的。在世界经济史上，不乏通过并购实现企业质的飞跃的案例，比如前些年中国联想并购美国IBM电脑业务，双汇收购美国食品巨头史密斯菲尔德食品公司，都大大提升了企业在市场中的地位。同样，也存在大量因为并购失误严重拖累企业发展的案例，比如TCL并购法国汤姆逊公司彩电业务和法国阿尔卡特的移动电话业务，结果因为并购企业持续亏损，直接为TCL集团带来了24亿港元的损失。

对于中小型家电制造企业来说，实施平行并购是一项对于企业发展影响非常重大的事情，流程也非常复杂。概括来看，中小型家电制造企业在实施平行并购时大体要遵循以下几个流程。

一、制定并购规划

制定并购规划是并购开始的第一步，也是非常重要的一步，它主导了后续所有并购流程的方向。并购规划大体包含以下几个方面：

一是企业的发展战略。并购必须要服从企业的总体战略以及业务战略，因此在并购发起前，必须要对本身的发展战略有一个清晰的认识，并围绕着企业发展战略来制定并购规划。比如，如果企业的战略是立足本地，实现在本地市场的垄断或龙头地位，那并购就将指向本地的企业和市场；如果企业的战略是走向全国甚至与世界市场并轨，那并购就将指向外地乃至海外的企业。现实中，不乏因企业对自身发展战略认识不清导致并购效果达不到预期的案例，比如曾经的“民营餐饮第一股”湘鄂情，2013 年在餐饮业务上巨亏 5.64 亿元，此后便走上了病急乱投医、疯狂并购的道路。2013 年 7 月，湘鄂情将目光投向环保，但出师不利。继环保之后，湘鄂情开始涉足影视，2014 年 3 月，与北京中视影视公司和笛女影视公司签署收购协议，2014 年 5 月 5 日，湘鄂情公告称与中科院计算所共建网络新媒体及大数据联合实验室，开始进军大数据行业。2014 年 5 月 12 日，湘鄂情试图收购江苏中昱环保科技有限公司（下称“中昱环保”）51% 股权，但以失败告终。分析认为，并购失败的其中一个主因就在于湘鄂情自身的战略定位比较混乱。在外界看来，一个做餐饮的企业，一年之内从餐饮跳到环保、影视又到大数据，显然企业本身的人才储备、管理能力不可能实现对并购企业的有效经营，从而引发了市场的广泛质疑。

二是并购的动机和目的。企业首先应明确为什么要进行并购，通过并购想达到什么目的。并购的动机和目的要符合企业的发展战略，是后续选择并购对象及整合方式的根本依据。比如，如果并购的动机是扩大市场份额，那选择并购对象时会倾向于占有市场份额较高的企业；如果并购的动机是分散风险，那在选择并购的对象时会倾向于非本行业，同时又有一定相关性的企业。

三是市场调查和并购的可行性。根据企业的并购动机对相关市场进行详细的调查，了解类似产品的销售、竞争对手的情况和可供收购对象的情况，并对比自身的实力，评估并购的可行性。

二、并购前的准备工作

在制定了并购规划并确定了并购的方向之后，就需要开始做一些正式并购前的准备工作。准备工作是正式并购的起点，也是并购谈判的基础。

一是选择并购时机。在适当的时机发起并购，可以使自己在并购中处于有利地位，也可以使并购更加顺畅。比如，2009 年，正当全球经济危机肆虐之时，湖南华菱集团趁澳大利亚第三大铁矿石公司 FMG 股价处于低位的时机，顺利收购了 FMG，并实现了以较低成本收购股权的目的。仅仅不到两年的时间，投资 FMG 项目账面浮盈近 150 亿元，投资收益率超过 250%。

二是锁定并购目标。在候选企业中，通过反复比较本企业和收购对象的长短处、预期双方资源整合后的结果、构想互补效应发挥的空间来锁定收购目标。

三是确定并购方式。收购方式大体分为要约收购、协议收购和集中竞价收购三类。根据收购的对象，又分为资产收购和股权收购；根据收购的比例，又分为整体收购和部分收购。确定收购方式要根据自身的资金实力和收购对象的可接受度，以及并购完成后的整合需要。

四是成立并购小组并发出并购意向书。内部并购小组应由公司领导挂帅、各有关部门领导组成，以实现并购过程中的快速应对。并购意向书应包括并购意向、非正式报价、保密义务和排他性等条款，可以使目标并购企业一目了然地了解到并购的相关信息，有助于节省并购的时间和费用。需要说明的是，发出并购意向书并不是必需的一个流程，如果有其他方式可以使目标并购企业知晓并购的相关信息，也可以采用其他方式。

三、调查目标并购企业

当目标并购企业反馈接受并购的意向后，就需要对目标并购企业的财务、市场、经营、环保、法律、税务、人力资源等方面进行全方位的调查，以了解其盈利能力、债务情况等，从而为后续制定收购方案提供依据。调查主要包括五个方面的内容。

一是目标公司的基本情况，包括名称、法定住址、公司章程、经营范围、股权结构、信用等级、主要股东及董事、出售目的、主要项目、研究开发计划与预算等情况。基本情况的调查看似简单，但却会对并购的成败和并购目的的达成产生关键性的影响，市场上不乏因基本情况调查出现失误导致并购造成重大损失的案例。

二是产品情况，包括目标并购公司的生产线及使用情况、主要产品、产品定价、产品在市场上的接受度及市场份额、产品结构、主要客户及供应商、拥有专利等等。产品情况在很大程度上决定了企业的并购价值。2010 年 8 月 2 日，吉利控股集团正式完成对福特汽车公司旗下沃尔沃轿车公司的全部股权收购，以 18 亿美元外加后期 9 亿美元，拿下了沃尔沃轿车百分百股权加大部分的专利，成为中国汽车行业最大的一次海外并购。在此之前，沃尔沃连年亏损，但其在高端轿车领域积累的口碑以及其拥有的大量技术专利和人才经验储备，仍然让这笔收购被认为是一笔赚翻了的买卖。

三是财务情况，包括资产、负债、股东权益、财务预算及执行结果、现金流等情况。了解公司的财务情况，对于评估并购价格并预期目标并购企业未来的业绩情况，具有至关重要的作用，如果发生疏忽，有可能会对企业并购造成重要损失。比如，2000 年，上市公司赣南果业出资 1600 多万元收购了江西麦饭石酒业有限公司与酒生产有关的经营性资产。并购过程中虽进行了资产评估，但未对其资产情况进行详细的调查、了解，直到收购完成，公司接管之后，经详细审核才发现应收账款三年以上账龄的高达 1200 多万元，这些应收账款有相当一部分没有合同，只是采取口头承诺，而被收购的江西麦饭石酒业有限公司酒业部分多年来也一直没有采取有力措施组织专职人员进行清收，这在很大程度上导致了这笔数额庞大的应收账款很有可能形成呆账坏账，清收成本极高。正是这种疏忽，使得赣南果业这次收购蒙受了很大的损失。

四是法律情况，包括目标并购公司的资格是否存在问题、反垄断情况、企业经营是否违反国家法律法规、是否欠缴员工保险、是否违反国家环境保护政策等等。近些年来，随着国家对并购的审查越来越严格，有越来越多的并购因为不符合国家的相关法律规定而搁浅，比如，2013 年 11 月，威华股份拟以资产置换及增发股票的方式，以 75. 85 亿元的价格收购赣稀集团旗下赣州稀土矿业有限公司 100% 的股权。2014 年 7 月，证监会受理了威华股份的重组申请材料，并要求威华股份提供工信部出具的赣州稀土关于稀土行业准入的批准文件。但在面临要求出具行业准入批准文件时，工信部却回复称，因该项目缺少竣工环保验收文件和“三同时”手续，不符合《稀土行业准入条件》中环境保护方面的有关规定。最终，此次并购未获得通过。

五是目标并购公司的组织、人力资源和劳资关系。在现代社会中，人力对一个企业的发展越来越重要，甚至成为一个企业最重要的财富之一。通用汽车公司前总裁史龙·亚佛德说过：“你可以拿走我全部的资产，但是你只要把我的组织人员留下来给我，五年内我就能够把所有失去的资产赚回来。”宝洁公司总裁也说：“假若你拿走了宝洁的人才，却留下了金钱、厂房和产品，宝洁将会失败；假若拿走了宝洁的金钱、厂房和产品，留下了人才，宝洁将在 10 年内重建王国。”可见，在并购实施中，目标收购企业的人力资源也是一个不容忽视的资产，甚至是非常重要的资产。2004 年 4 月 26 日，TCL 并购了法国阿尔卡特。然而并购之后，中国企业文化与法国企业文化发生了剧烈冲突。阿尔卡特强调人性化管理，员工在一种宽松而备受尊敬的环境中工作，而 TCL 的管理方式近乎军事化，提倡奉献精神，让原阿尔卡特员工无法适应，原公司员工尤其是销售人员大量辞职，直接导致企业经营困难，出现了巨额亏损，此次并购也一直被国内经济学界当作并购失败的典型案例。

四、制定收购方案并与目标并购公司谈判

通过对目标并购公司的详细的调查，在确认目标并购公司的情况符合自己的收购目标的前提下，就可以制定并购方案并按照方案与目标并购公司开展谈判，这个阶段是整个并购的核心阶段，是并购能否成功的关键所在。通常来看，这个阶段包括以下几个部分。

一是确定并购的形式，即是收购股权、资产还是整个公司。并购形式通常要视并购动机和企业实力而定。企业并购从本质上来说是购买控制权，企业采取的并购形式，直接决定了并购后控制权的大小。2013 年 9 月，双汇国际控股有限公司完成收购全球最大的猪肉加工企业美国史密斯菲尔德食品公司。此次收购，双汇国际以 71 亿美元收购了史密斯菲尔德的全部股权，使得后者成为双汇国际的全资子公司，双汇拥有了史密斯菲尔德公司的所有品牌、全产业链和生产技术，一跃成为全球最大的猪肉供应商。

二是确定交易价格。交易价格的谈判是并购中最具有决定性的一环，对并购的成功与否具有一票否决的作用。现实中，并购之所以没有最终成功，有很大一部分原因就是双方在交易价格方面存在心理差距。交易价格由双方以市场价格协商确定，以双方同意为准。事实上，交易价格受到很多因素的影响，有的时候甚至会严重偏离市场价格。比如，在吉利收购美国福特公司旗下沃尔沃汽车的过程中，福特对沃尔沃的标价就经历了很大幅度的变化。2008 年，福特给沃尔沃的标价是 60 亿美元，仅仅一年以后，吉利最终以 18 亿美元外加后期 9 亿美元的超低价格，拿下了沃尔沃轿车百分百股权加很多专利！如果福特一

直坚持60亿美元的标价，吉利是不可能收购沃尔沃的，因为即使是27亿美元的交易价格，也大致相当于吉利当年盈利额的10倍。

三是确定支付方式。支付方式主要包括三种：现金支付方式、股权支付方式、资产置换支付方式。其中，现金支付是目前我国企业并购的主要支付方式，适用于中小型企业之间的并购。股权支付是指并购方通过换股或增发新股的方式取得目标企业的控制权进而收购目标企业的一种支付方式，适用于大型的并购。资产置换支付方式是上市公司用一定的资产并购等值优质资产的产权交易，它是一种特殊的并购形式。在企业并购活动中，并购支付方式是实现交易的一个关键环节，关系到并购双方的利益。

五、签订转让协议

谈判结束后，双方在并购价格、支付方式等方面达成一致后，就可以签订转让协议了，转让协议通常包括两个部分。

一是收购的主要条款和条件。包括拟转让资产或股权的数量、交易价格、支付方式、交易完成的条件、中止交易的条件等等。

二是并购完成后公司章程的变更、人员的更替、业务的变革等等。在当前这个非常重视员工权益的社会，人员的更替在并购中也占据了一定的作用。近些年来，因为并购后的裁员导致原企业员工抗议的事件时有发生，也越来越频繁。2011年，康师傅并购百事中华区24家灌装厂，因为未明确并购后百事原有公司的待遇问题，导致百事在重庆、福州、南昌、兰州等地公司的员工大规模抗议，虽然事情最终得以解决，但也为并购蒙上了一层阴影。

六、办理交接

企业并购协议达成后，并购双方就要根据协议进行交接，办理各种手续。交接主要包含以下几个方面：

一是产权交接。双方资产的移交需要在有关部门的监督下，按照协议办理移交手续，经过验收、造册，双方签证后会计据此入账。未了的债务、债券也要按协议进行清理。

二是财务交接。主要是双方财务会计报表需要根据并购后的结果做出相应的调整。

三是管理权移交。管理权的移交需要根据并购谈判时双方对管理权的约定，通常会涉及原有管理人员的去留、新的管理人员的进入以及管理权的分配。

四是并更登记。在并购导致一方主体资格变更的情况下，续存公司应当进行变更登记，新设公司应进行注册登记，被解散的公司应进行解散登记。

第三节　推行品牌叠加的流程

品牌合作又叫品牌叠加，是一种复合品牌策略，指两个公司的品牌同时出现在一个产品上。这是一种伴随着市场激烈竞争而出现的新型品牌策略，它体现了公司间的相互合作。其优点在于它结合了不同公司的优势，合作双方互相利用对方品牌，提高自己品牌的知名度，增强产品的竞争力，从而扩大销量额，并降低促销费用，同时节约了各自产品进入市场的时间。

现实中，品牌叠加随处可见，尤其是在科技含量较高、零部件较多的产业领域，比如汽车、智能手机、笔记本电脑等等。品牌叠加主要分为两类：一个是纵向的品牌叠加，指企业品牌与上游供应商品牌及下游销售品牌之间的叠加。比如，现在人们在购买笔记本电脑时，不仅关注电脑本身的品牌，还会反复比较各个零部件的品牌，比如处理器、显示器、显卡等等；商家在促销时，除了宣传笔记本本身的品牌优势外，还会着重宣传重要零部件的品牌。另一个是横向的品牌叠加，指的是平行企业品牌之间的叠加，比如“一汽大众”“上海通用”“松下—小天鹅”等等。

通常来说，如果运用得当，品牌合作创造出来的价值会大于两个品牌原本价值的总和，这是品牌合作的根本动机，也是今天很多大企业、大品牌热衷于收购其他品牌的根本原因。

“海信科龙”这个品牌，大概是中国家电产业品牌叠加最典型的例子。海信创立于1984年，主营业务涵盖了冰箱、空调、冷柜等白色家电领域产品的研发、制造、营销和售后服务，产品远销130多个国家和地区。1996年和1999年，公司股票分别在香港和深圳两地发行上市。2006年底，海信成功收购广东科龙电器股份有限公司（以下简称“科龙电器”），由此诞生了中国白色家电的新航母——海信科龙电器股份有限公司。海信科龙主导产品涵盖冰箱、空调、洗衣机、冷柜、生活电器等多个领域，生产基地分布于顺德、青岛、北京、南京、扬州、湖州、成都、营口等多个城市，具有年产冰箱（含冷柜）1250万台、空调900万套、洗衣机200万台的能力。“海信科龙”这个品牌，就是企业并购后直接融合原有两个品牌的结果。

在“四纬一体 互联互通”新商业模式中，品牌叠加是一个重要的设计。对于中小型家电制造企业来说，其品牌影响力远远比不上大企业，在消费者对品牌越来越挑剔、品牌集中度越来越高的今天，中小型家电制造企业加强合作，推行品牌叠加，借助合作品牌迅速增强产品的市场影响力，是扭转市场竞争力下滑局面的一个可行的选择。

2016年9月26日，志高冰洗（津晶电器）与拿货商城签署战略合作协议。会上，拿货商城CEO喻治国公布了志高冰洗产品2亿元销售额的分销目标。志高冰洗在产品线设计、市场营销、智能化等领域拥有一定的行业地位，是一个具有一定影响力的冰洗品牌。拿货商城是全国家电乡镇零售门店进货优秀平台，通过整合供应商、经销商、零售商、物流商、金融服务机构、仓储服务商等资源来完善产业链信息、物流、金融等渠道，实现优品低价，使家电产业与乡镇小店全渠道对接，让乡镇小店有更多进货选择，拥有 5 万多家注册零售门店，还有 30 万经销商渠道，是一个在家电乡镇零售领域较为优秀的渠道品牌。志高冰洗与拿货商城的合作，既提高了志高冰洗品牌在家电乡镇零售领域的知名度，也提升了拿货商城优品低价的品牌形象，是“四纬一体　互联互通”新商业模式中纵向品牌叠加的一个典型的成功案例。

大致说来，“四纬一体　互联互通”新商业模式中，推行品牌叠加大致要经历四个步骤：

一、选择一个战略合作伙伴

在推行品牌叠加时，战略伙伴的选择最重要的步骤是建立成功的战略合作。这要求两个合作伙伴拥有相契合的战略目标，具有共同的价值追求。例如，在上述志高冰洗与拿货商城的合作案例中，拿货商城在西北、西南市场组建了地推团队，在乡镇渠道前沿，通过深度服务零售店主、一对一的“门诊问药”，解决了乡镇电商物流中转和售后的痛点，切切实实地做到渠道下沉。而志高冰洗则同样非常看重乡镇市场，并力求在乡镇市场取得突破。这种共同的战略目标，使得两个品牌最终走到了一起。此外，双方在价值追求上也趋于一致，津晶电器追求“以优秀的产品回馈社会，让乡镇消费者真正地得到实惠”，这与拿货商城创办的初衷不谋而合——“让乡镇消费者在家门口就能享受与城里人同等的消费服务和价值”。

二、建立信任关系

战略合作完成后，两个或者多个品牌之间必须形成三种信任：

责任、平等和相互依赖。很多失败的战略合作都是因为缺少信任、缺少理解而造成很多问题不能及时解决，最终导致合作破裂。在上述案例中，拿货商城公开宣布志高冰洗产品2亿元销售额的分销目标，其实是冒着一定的风险的，以1000元均价冰箱核算，2亿元销售额对应20万台冰箱，数额相当庞大。正是基于对志高冰洗产品质量的充分信任，拿货商场才敢于做出这样的公开宣示，双方的合作也才能稳固。

三、整合品牌文化差异

不同文化背景的品牌在运行模式上会有所区别，尤其在不同国家的品牌运作上会较为明显。比如，同样是手机品牌，美国的手机品牌会更侧重于宣传其人性化的功能和设计，而发展中国家的手机品牌会更侧重于其实用性、长寿命等特点；再比如，起步于乡镇地区、主打乡镇市场的品牌与起步于大城市、主打高消费人群的品牌之间也会存在较为明显的文化差异。这就要求在推行品牌叠加时，要注重对品牌进行文化差异的整合。

四、加强两个品牌之间的交流

在任何关系中，交流是合作成功的一项最基本的因素。两个合作伙伴之间，没有有效的交流，这个战略关系将会消失。如果这一切是怀疑、互相不信任引起的，就不会成为一个成功的品牌合作。

第六章

基本原则

“四纬一体　互联互通”新商业模式的精髓是“实业＋互联网思维＋金融”，离开了互联网思维和金融，新商业模式也就与普通的并购重组没有本质的区别，而不能称之为“新”。在“四纬一体　互联互通”新商业模式的设计中，互联网思维类似于一种生活的态度，只有态度对了，经济活动才能出彩。而金融类似于化学中的催化剂，可以大大提高经济的运行效率。在新商业模式中，光有整合供应链和平行并购企业是不够的，必须将互联网思维和金融杠杆植入其中，如此，才能达到在短时间内极大地实现企业的优势互补，降低企业成本，补齐企业生产、营销方面短板的目的。

之所以把重视互联网思维和金融杠杆归为“四纬一体　互联互通”新商业模式的两个原则，根本原因在于它们两个是不可或缺的存在，离开了它们，新商业模式难有成功的机会，更别提带动企业发展壮大。

第一节 重视互联网思维

2014 年 12 月，志高宣布签约成龙为品牌代言人，同时发布了全球品牌战略：为消费者提供极致的产品体验。在签约大会上，志高集团董事局主席李兴浩表示：“如今的互联网浪潮是整个家电业的机会，志高将借势在全球内进行一场轰轰烈烈的‘去低端化、去廉价化’的高端品牌革命，让中国制造同样也可以成为世界优质产品的代名词。”李兴浩同时认为：“互联网思维，是在互联网、大数据、云计算等科技不断发展的背景下，对市场、对用户、对产品、对企业价值链乃至整个商业生态进行重新审视的思考方式。”

李兴浩将“互联网思维”描述为一种思考方式，一种在互联网时代对市场、对用户、对产品的重新审视。其实，志高空调的全球品牌战略——为消费者提供极致的产品体验，就是运用互联网思维重新定义客户的结果，充分体现了互联网思维的精髓：以人为本。

在“四纬一体　互联互通”新商业模式中，运用“互联网思维”的根本作用，就在于使传统的中小型家电制造企业“互联网化”，适应这个互联网“无孔不入”的时代。对于传统企业来讲，互联网思维正在冲击着自己赖以生存的根基。为了在激烈的竞争中保持自己的一席之地，传统企业要么主动运用互联网思维来创新和重构自己的商业模式，要么被动地等待被颠覆。正如海尔集团董事长张瑞敏所说：“互联网消除了时空距离，外部变化非常快，倘若企业跟不上节奏，一定会被这个时代‘连锅扔掉’。”

一、什么是互联网思维

当代经济最重要的特征之一，是互联网的大规模普及。除了规模达上万亿美元的互联网经济之外，互联网也已经渗透到其他企业运营的整个链条中，从基础应用（如 Email 发邮件、微信发通知、百度查信息）到商务应用（如在线协同办公、在线销售、在线客服）再到整个企业经营的价值链条。诚如复星集团 CEO 梁信军所说：互联网正在成为现代社会真正的基础设施之一，就像电力和道路一样。互联网不仅仅是可以用来提高效率的工具，它是构建未来生产方式和生活方式的基础设施。互联网除了在形态上改变了经济活动外，互联网经济透露出来的平等、开放、人性的理念，也对传统经济的经营模式产生了颠覆性的影响。在这种大背景下，“互联网思维”应运而生。

最早提出“互联网思维”的是百度创始人李彦宏。2011 年在百度的一个大型活动上，李彦宏与传统产业的老板、企业家探讨发展问题时，首次提到“互联网思维”这个词。他说：“我们这些企业家们今后要有互联网思维，可能你做的事情不是互联网，但你的思维方式要逐渐从互联网的角度去想问题。”此后，“互联网思维”这个词迅速被业内接受，并成为最热门的词汇之一。

概括来说，互联网思维是在互联网、云计算、大数据等科技的不断发展、成熟的背景下，人们对整个商业生态（包括市场、用户、价值链等）进行重新审视的一种新型的思考方式。这种思考方式的精神核心是“用户至上”。

各行各业的企业家、经济学者从自身的视角，对“互联网思维”进行了大量的表述。2013 年 11 月 3 日，小米和海尔共同出现在中央电视台《新闻联播》里，它们的登台有一个共同的关键词：互联网思维。小米掌门人雷军将互联网思维定义为“雷七决”：专注、极致、口碑、快，并成功地运用互联网思维将小米公司做得风生水起。小米也许是运用互联网思维最成功的制造企业，其网络饥饿营销战术就是非常典型的运用互联网思维的例子。腾讯掌门人马化腾提出了“马七条”，认为互联网思维在未来要做到七个反思：连接一切、互联网 + 传统行业 = 创新、开放式协作、消费者参与决策、数据成为资源、顺应潮流的勇气、连接一切的风险。

360 公司董事长周鸿祎对互联网思维的特征进行了较为系统的概述：

第一，用户至上：在互联网经济中，只要用你的产品或服务，那就是上帝！很多东西不仅不要钱，还把质量做得特别好，甚至倒贴钱欢迎人们去用。

第二，体验为王：只有把一个东西做到极致，超出预期才叫体验。比如有人递过一个矿泉水瓶子，我一喝原来是 50 度的茅台。这就超出我的体验。

第三，免费的商业模式：硬件也正在步入免费的时代。硬件以成本价出售，零利润，然后依靠增值服务去赚钱。电视、盒子、手表等互联网硬件不挣钱，通过广告、电子商务、增值服务等方式来挣钱。

第四，颠覆式创新：你要把东西做得便宜，甚至免费；把东西做得特简单，就能打动人心；超出预期的体验上的呼应，就能赢得用户，就为你的成功打下了坚实的基础。

互联网思维是基于互联网的特点和互联网企业特性的一种认知、一种思维方式。互联网是一个网状结构，是没有中心节点的，它不是一个层级结构，虽然不同的点有不同的权重，但没有一个点是绝对的权威。互联网的技术结构决定了它内在的精神：去中心化、分布式与平等。平等是互联网非常重要的基本原则。新兴的互联网企业拥有平等、公开、扁平、灵活性、相互尊重的管理体系，在业务模式上有以满足客户需求为中心，注重客户体验，讲究运用新媒体手段快速洞察客户需求，注重口碑效应的特点。互联网的特点和互联网企业特性决定了互联网思维的本质是尊重市场、回归人性。

互联网思维包含四大概念内涵，即注重体验的用户思维、跨越时空的传播思维、协作共享的营销思维和去中心化后的整合思维，四者缺一不可。

互联网思维并非互联网企业所独有，而是存在于所有的行业，包括家电产业。互联网时代的思考方式，也不局限在互联网产品、互联网企业。同时，也不是因为有了互联网，才有了互联网思维，而是因为互联网的出现和发展，互联网思维得以集中爆发，并借助互联网这个形态广泛传播，换句话说，互联网思维早就存在，比如沃尔玛在几十年前刚创办时对消费者购物体验的极致追求就是一种互联网思维。

二、互联网思维对家电制造企业的启示

进入互联网时代以来，相比于手机、笔记本电脑、平板电脑等信

息数码类产品生产企业来说，以冰箱、空调、洗衣机及厨卫、小家电等为代表的传统家电企业显得有些后知后觉。这主要是因为信息数码类产品与互联网有天然的亲密关系，而传统家电产品属于功能型产品：冰箱用来制冷保鲜，空调用来调节温度，洗衣机用来洗衣服，厨电产品用来做饭，这些产品信息属性较弱，所以企业对拥抱互联网不是很积极，应用互联网思维进行企业运营的意识也相对较淡。

这种思想意识上的滞后造成的后果是，近些年来手机、笔记本电脑等信息数码产品销量突飞猛进，国内市场十分红火，而家电的销量增长相对来说缓慢很多，甚至在有些年份陷入零增长乃至同比下降的困境，利润率也越来越低。残酷的现实逼迫家电企业不得不做出改变，重新审视互联网时代发生的一些新变化，重视互联网思维的运用。

海尔集团董事长张瑞敏曾说："如果你能适应和驾驭互联网，现在就是最好的时代；如果你背离它，迎接你的将是一场灾难。"面对困局，家电企业必须正视互联网必然会对传统家电产业造成颠覆性冲击这一事实，积极用互联网思维进行转型升级，并在战略上将互联网的渗透当成一个发展机遇而不是一个障碍。

在风口浪尖，以海尔、长虹、TCL、志高等为代表的家电老兵率先站出来，运用互联网思维开启了家电企业互联网变革的大潮，引领近几年的家电产业发生了天翻地覆的变化。概括来说，互联网思维对家电企业的影响主要体现在以下几个方面。

（一）家电智能化

互联网思维首要的一点是"用户至上"，这就要求产品能够根据不同客户的不同特点，为每个客户提供最极致的体验，这就对家电产品提出了智能化的要求。

中国家电自2013年开始进入智能化阶段，最先是在彩电领域展开。2013年，互联网企业乐视与小米进入电视领域，开启了智能电视的时代，乐视推出了乐视超级电视X60，其宣传语称："我不是一台电视，而是一套完整的大屏互联网生态系统。"乐视超级电视采用在网络上预购、抢购的形式销售，直接砍掉了营销和渠道成本。小米也推出了小米电视，同样采用网络直销。尽管2013年乐视超级电视和小米电视的销量并不大，尚不及国内彩电巨头销量的零头，但其充分利用互联网特性的产品设计和营销模式，却一石激起千层浪，引发了国内各大彩电企业的强烈反响，其家电智能化理念也得到广泛的重视。长虹集团董事长赵勇在2014年初接受采访时甚至将智能化作为关系企业未来生死存亡的举措："电视要想不被夕阳的余晖吞没，必须解决人机交互性差、无法移动、内容获取不便捷三大瓶颈。"很快，海尔、长虹、TCL等彩电巨头纷纷推出智能化战略。此后，智能化趋势迅速波及其他家电领域。

2014年2月，长虹推出CHiQ智能冰箱，打响了2014年白电智能化第一枪。2014年3月上旬，美的发布M-Smart智慧家居战略，以期实现全品类产品互联互通。在空调领域，志高针对消费者提到的"空调运行模式太单一，无法实现个性化定制"的问题，设计了"云定制"功能，加入了多种运行模式，消费者可以根据自己的需求来设置最合适的睡眠温度，基本可以做到有多少人使用，就可以实现多少条睡眠曲线。

家电企业之所以热衷于智能化，根本原因在于：智能化可以大大提高家电产品的附加值，提高产品在市场上的竞争力，避免了企业陷入靠价格战抢夺市场的老路。截至2016年，各大厂商大部分已进行了智能化改造，市面上智能化设备存量占比不断上升，每年出货量对比传统家电产品增速明显，其中智能彩电产品年出货量已超过总量的80%。总体看来，家电智能化已成为行业共识。

（二）重视经营用户

平等是互联网思维的一个重要方面，平等意味着企业改变以往以自我为中心的思维，而将消费者看作与自己平等的地位，这就要求企业改变以产品为中心的传统制造业思维模式，将重心转移到经营用户上来，并利用互联网与用户互动，了解用户的需求是什么，了解用户在抱怨什么，打造出消费者最喜欢的产品。

2017 年 4 月 25 日，2017 中国消费市场发展年会暨第二十五届中国市场商品销售统计结果新闻发布会在北京举行。会上，国美联合中华商业信息中心发布了《2016 年我国家电市场运行情况及未来发展趋势展望》报告，报告显示，家电市场消费群体年轻化特点显著。其中，80 后家电消费占据主要消费的 74%，成为家电产品的主要购买者。报告指出，作为核心的用户群体，80 后更注重科技、时尚与生活方式的结合以及多元的精神需求。同时，80 后是互联网的主要使用人群，较为乐意通过互联网等途径与企业互动，表达自己的需求。这就为企业加强与消费者互动、经营粉丝经济提供了依据。

2014 年 2 月 25 日，TCL 集团对外发布“双 +”（“智能 + 互联网”及“产品 + 服务”）战略，其核心内涵就是抢夺入口与经营用户。TCL 集团董事长李东升认为，“在智能和互联网时代，拥有入口和用户，是新经济的核心能力”。美的同样非常重视经营用户，其厨电所有线上销售的产品，全部会基于数据分析，让客户参与设计。

2015 年，海尔首批由 50 万用户参与众创定制的洗衣机正式下线。

这批订单来自于英、法、德、意、西班牙等国的渠道商，首批众创洗衣机最终方案是用户从 79 个模块方案中挑选出的 2 个最佳组合。这款洗衣机有着明显的用户定制的特征，最具差异化的就是将 ABT 材料应用范围拓展到了智能投放模块上，更大程度上实现洁净、杀菌的效果。同时，洗衣机的操控屏比以前更大，使得用户的操作更加方便。此外这个产品还满足欧洲等地区对节能环保更高程度的要求，能耗值比欧洲的最高A +++ 标准还要低 40%。

此外，在销售端，随着消费者个性化需求的增加，越来越多消费者希望参与到购买活动的各个环节中去。商家也将目光聚焦于同消费者的社交互动上，零售业的社交化趋势也愈加明显。

（三）重视大数据的运用

大数据，指无法在一定时间范围内用常规软件工具进行捕捉、管理和处理的数据集合，是需要新处理模式才能具有更强的决策力、洞察发现力和流程优化能力的海量、高增长率和多样化的信息资产。在维克托·迈尔 - 舍恩伯格及肯尼斯·库克耶编写的《大数据时代》中，大数据是不用随机分析法（抽样调查）这种捷径，而采用所有数据进行分析处理的方式。大数据具有 5V 特点（IBM 提出）：Volume（大量）、Velocity（高速）、Variety（多样）、Value（低价值密度）、Veracity（真实性）。

在传统情况下，分析数据的收集主要来自于统计年鉴、行业管理部门数据、相关行业报告、行业专家意见及属地市场调查等，这些数据多存在样本量不足、时间滞后和准确度低等缺陷，研究人员能够获得的信息量非常有限。随着大数据时代的来临，借助数据挖掘和信息采集技术不仅能给研究人员提供足够的样本量和数据信息，还能够建立基于大数据数学模型对未来市场进行预测，大大提升了信息的精准度和参考价值。

近些年来，随着互联网技术的发展，大数据技术得到了非常广泛的运用，其在中国市场的潜在产值甚至已经达到了 2 万亿元的规模。2015 年 9 月，国务院印发《促进大数据发展行动纲要》，系统部署大数据发展工作，大数据上升为国家战略。2016 年 3 月 17 日，《中华人民共和国国民经济和社会发展第十三个五年规划纲要》发布，其中第二十七章《实施国家大数据战略》提出，把大数据作为基础性战略资源，全面实施促进大数据发展行动，加快推动数据资源共享开放和开发应用，助力产业转型升级和社会治理创新，具体包括：加快政府数据开放共享、促进大数据产业健康发展。

大数据技术是继互联网、云计算、物联网之后的又一颠覆性技术变革，当海量的数据被统一收集起来之后，经过详细的分析，可以产生无可估量的价值。京东利用其在京东商城所销售手机的大数据，参与努比亚手机的规划和设计，就是大数据应用的典型案例。在家电领域，大数据得到了各大家电企业的广泛重视，并已经在精准营销、新品设计、售后服务等方面得到了广泛的应用，并产生了优异的效果。

1. 利用大数据进行精准的市场定位

一个成功的市场定位，能够使一个企业的品牌加倍快速成长，而基于大数据的市场数据分析和调研是企业进行品牌定位的第一步。家电行业企业要想在无硝烟的市场中分得一杯羹，需要架构大数据战略，拓展家电行业调研数据的广度和深度，从大数据中了解家电行业市场构成、细分市场特征、消费者需求和竞争者状况等众多因素，在科学系统的信息数据收集、管理、分析的基础上，提出更好的解决问题的方案和建议，保证企业品牌市场定位独具个性，提高企业品牌市场定位的行业接受度。

项目评估和可行性分析是决定企业是否适合进入或者开拓新市场的主要参考。如果适合，那么这个区域人口是多少？消费水平怎么样？客户的消费习惯是什么？市场对产品的认知度怎么样？当前的市场供需情况怎么样？公众的消费喜好是什么？……这些问题背后包含的海量信息构成了家电行业市场调研的大数据，对这些大数据的分析就是市场定位的过程。企业开拓新市场，需要动用巨大的人力、物力和精力，如果市场定位不精准或者出现偏差，其给投资商和企业自身带来后期损失是巨大甚至有时是毁灭性的，由此看出市场定位对家电行业市场开拓的重要性。只有定位准确乃至精确，企业才能构建出满足市场需求的产品，使自己在竞争中立于不败之地。但是，要想做到这一点，就必须有足够的信息数据来供家电行业研究人员分析和判断。

2. 利用大数据进行市场营销

在今天，如果我们在天猫上或者京东上购买一件商品，你会发现在其后你打开很多网站时，总是会有相关商品的广告跳出来，而且品类、风格跟你购买的商品都差不多，这就是大数据在市场营销上的典型运用。我们每天在微博、微信、论坛、新闻评论、电商平台上分享各种文本、照片、视频、音频、数据等的信息高达几百亿甚至几千亿条，涵盖着商家信息、个人信息、行业资讯、产品使用体验、商品浏览记录、商品成交记录、产品价格动态等等海量信息。这些数据通过聚类可以形成家电行业大数据，其背后隐藏的是家电行业的市场需求、竞争情报，闪现着巨大的财富价值。

在家电行业市场营销工作中，无论是产品、渠道、价格还是顾客，可以说每一项工作都与大数据的采集和分析息息相关，而以下两个方面又是家电行业市场营销工作中的重中之重。一是通过获取数据并加以统计分析来充分了解市场信息，掌握竞争者的商情和动态，知晓产品在竞争群中所处的市场地位，达到“知彼知己，百战不殆”的目的；二是企业通过积累和挖掘家电行业消费者档案数据，有助于分析顾客的消费行为和价值趣向，便于更好地为消费者服务和发展忠诚顾客。

以家电行业对顾客消费行为和趣向的分析为例，如果企业平时善于积累、收集和整理消费者的消费行为方面的信息数据，如消费者购买产品的花费、选择的产品渠道、偏好产品的类型、产品使用周期、购买产品的目的、消费者家庭背景、工作和生活环境、个人消费观和价值观等，企业收集到了这些数据，建立消费者大数据库，便可通过统计和分析来掌握消费者的消费行为、兴趣偏好和产品的市场口碑现状，再根据这些总结出来的行为、兴趣爱好和产品口碑现状制定有针对性的营销方案和营销战略，投消费者所好，那么其带来的营销效应是可想而知的。因此，可以说大数据中蕴含着出奇制胜的力量，如果企业管理者善于在市场营销中加以运用，将成为家电行业市场竞争中立于不败之地的利器。

3. 大数据有助于进行有针对性的创新和开发

今天我们在天猫、京东等网店购物时，通常会关注已购买消费者对商品的点评，这些点评在很大程度上会影响我们购买该商品的积极性，这些点评对于企业改进产品以及创新开发新产品，同样具有重大的参考价值。随着论坛、博客、微博、微信、电商平台、点评网等媒介在 PC 端和移动端的创新和发展，公众分享信息变得更加便捷自由，而公众分享信息的主动性促使了“网络评论”这一新型舆论形式的发展。微博、微信、点评网、评论版上成千上万的网络评论形成了交互性大数据，其中蕴藏了巨大的家电行业需求开发价值，值得企业管理者重视。

网络评论，最早源自于互联网论坛，是供网友闲暇之余相互交流的网络社交平台。在微博、微信、论坛、评论版等平台随处可见网友使用某款产品的优点点评、缺点吐槽、功能需求点评、质量好坏与否点评、外形美观度点评、款式样式点评等信息，这些都构成了产品需求大数据。同时，消费者对企业服务及产品简单表扬与批评变得更加的客观真实，消费者的评价内容也更趋于专业化和理性化，发布的渠道也更加广泛。作为家电行业企业，如果能对网上家电行业的评论数据进行收集，建立网评大数据库，然后再利用分词、聚类、情感分析了解消费者的消费行为、价值趣向、评论中体现的新消费需求和企业产品质量问题，以此来改进和创新产品，量化产品价值，制订合理的价格及提高服务质量，企业将从中获取巨大的收益。

（四）重视线上销售

复星集团 CEO 梁信军认为："互联网思维应该成为我们一切商业思维的起点。今天看一个产业有没有潜力，就看它离互联网有多远。"互联网的发展，彻底颠覆了传统家电的销售模式，今日，如果家电企业在销售方面远离互联网，很难想象它能够获得成功。

京东是伴随着家电、数码产品等线上销售大爆发而成长起来的线上零售巨头。2008 年，京东商城将空调、冰箱、电视等大家电产品线逐一扩充完毕。此后，主营家电和信息数码产品销售的京东实现了野蛮式的增长，2016 年，京东集团市场交易额达到 9392 亿元。2017 年 7 月，京东入榜《财富》全球 500 强，位列第 261 位。京东的成功，其实背后暗含的是家电线上销售的迅速增长，其速度远远超过线下家电销量的增长速度。2016 年上半年，我国 B2C 家电网购市场（含移动终端）规模达 1848 亿元，同比增长 35%。其中，大家电 528 亿元（平板电视 217 亿元、空调 152 亿元、冰箱 90 亿元、洗衣机 69 亿元），同比增长 47%；其他小家电类产品（包括两净、厨卫电器及其他小家电类产品）约 310 亿元，同比增 23%。而同期，2016 年上半年线下家用空调行业总销量约 5800 万台，同比下降 15%；冰箱总销量约 3894 万台，同比下降 1.4%；洗衣机总销量约 2750 万台，同比增长 3.82%；厨电及小家电 2016 年上半年零售量达到了 1672 万台，同比增长 4.7%。整体看线下家电业主要产品的销售台数大多是下降的。可见，线上销售的增长潜力远远大于线下销售，电商渠道逐渐成长为家电新的销售主渠道。

对于中小型家电制造企业来说，线上渠道的进入门槛和成本要远远小于线下渠道，如果线上渠道能够实现不错的销量，对于降低企业成本、增强盈利能力、克服线下销售萎缩的困境将起到重要的作用。

三、互联网思维对新商业模式的重要作用

（一）互联网的发展为新商业模式提供了契机

对于传统企业来讲，互联网正在冲击着自己赖以生存的根基。过去数年间，移动互联网、互联网思维、互联网 +、物联网、智能化等一切与互联网有关的新事物以迅雷不及掩耳之势深刻改造了几十年甚至数百年逐渐形成并成熟的商业模式，从经营观念、组织结构、管理方式到营销渠道、生产流程等都发生了翻天覆地的变化。

为了在激烈的竞争中保持自己的一席之地，传统企业要么主动运用互联网思维来创新和重构自己，要么被动地等待被颠覆。显然，聪明的企业都会选择拥抱互联网，用互联网思维重新打造自己的商业模式。

相比于深度接纳互联网思维，在智能化、大数据等领域搞得风生水起的大型家电企业来说，中小型家电制造企业在一定程度上是互联网时代的“受害者”。这是因为，运用互联网思维进行转型升级尽管已经被传统企业所广泛接受，并且形成了共识，但无论是智能化还是大数据或者其他互联网思维在家电产业的应用，往往需要大量的人力、财力和技术上的投入，这些，通常是缺资金、缺技术、缺人才的中小型家电制造企业所无法承受的。从这个角度来说，互联网加剧了大型家电企业和中小型家电企业的分化。

仅仅从资金的角度来看，各大家电巨头近几年来不惜血本投入到互联网思维改造中去，资金额通常以十亿计。比如，2014 年 3 月，美的宣布在未来三年投入 150 亿元用于智能技术改造；2015 年，长虹投资 10 多亿元，建设了一个融合了 O2O、B2B、B2C（电子商务）、P2P（网络金融）的现代化、智能化、系统化、线上线下一体化的智能销售系统，以全面促进长虹家电营销的转型升级。这种量级的投资，是中小型家电制造企业望尘莫及的。此外，智能化、大数据等互联网思维改造措施同样需要大量的技术人才来支撑，这在很大程度上决定了中小型家电制造企业在一定程度上只能沦为互联网思维改造浪潮的陪客。

可见，在互联网时代，固守传统功能性家电产品的中小型家电制造企业如果不做出改变，将逐渐被挤出主流市场，被互联网浪潮所吞没。在这种大背景下，“四纬一体　互联互通”新商业模式为中小型家电制造企业提供了一条可供选择的道路，那就是通过在纵向上打通上游供应链和下游分销渠道，在横向上推行品牌叠加和平行并购企业，实现企业间的抱团取暖，达到企业规模的快速裂变，从而以数倍之力投身互联网思维改造的浪潮，紧跟互联网时代的步伐。

（二）互联网思维为新商业模式的运作提供了指导思想

在“四纬一体 互联互通”新商业模式中，整合供应链、平行并购企业不是目的，而是手段，新商业模式的根本目的是要实现企业的优势互补，降低企业的成本，补齐企业在生产、营销方面的短板。而要实现这些目标，如果将互联网思维贯穿始终，将取得事半功倍的效果。

首先，互联网思维的运用能够大大提高企业优势互补的成效。在新商业模式下，企业优势互补的成效主要取决于整合的效果。整合最主要的是业务活动、管理活动、组织结构、人事和文化整合。以业务活动的整合为例，哪些业务需要保留，哪些需要加强，哪些需要撤销，互联网思维提供了一个根本的依据：市场为王、客户至上，凡是市场反响不好、客户体验不好的产品，必须坚决拿下。再以组织结构的整合为例，移动互联网的一个明显特征就是快速迭代，不断地推陈出新，这就要求组织设计要满足信息沟通的畅通和快速。基于这个要求，未来的组织结构整合必须遵循一个基本要求，那就是组织的扁平化。组织的扁平化有利于员工反馈的信息更快地到达管理层，从而更快地做出应对，员工也会更有主人翁意识，从而更好地创造价值。

其次，互联网思维有助于降低企业的成本。近些年来，互联网之所以能够迅速渗透到企业运营和生产的方方面面，根本原因就在于互联网能够大大提高企业运营效率，降低企业成本。2015 年 3 月 29 日，京东集团创始人兼 CEO 刘强东在博鳌亚洲论坛 2015 年“跨界对话：互联网 + 思维与商业的本质”分论坛上直白地说：“互联网思维是降低成本。京东当年之所以毅然转型互联网，一个非常重要的原因就是电商成本比店铺低 50% 以下。”对于传统家电企业来说，在销售方面提高 1% 的利润率非常困难，而在大数据、云平台、互联网 + 等的帮助下，想在采购等环节降低 1% 的成本则非常容易。

最后，互联网思维可以有助于快速补齐企业在生产、营销方面的短板。首先在生产方面，互联网思维的互动特性与云存储、大数据叠加，使得制造业企业可以真正实现对客户需求的快速了解，从而使生产更有针对性。其次在营销方面，营销是一门水到渠成的艺术，互联网思维为企业营销提供了一个根本遵循：以消费者导向为出发点。在技术和平台上，互联网思维为营销提供了更多选择的余地，而且更有效率、更节省成本。

（三）互联网思维与新商业模式结合的典型案例——集众电采

集众电采是由津晶电器上下游业务催生的产业互联网 B2B 服务平台。

B2B（Business - to - Business 的缩写）是指企业与企业之间通过专用网络或互联网，进行数据信息的交换、传递，开展交易活动的商业模式。1999 年，阿里巴巴的成立标志着 B2B 的正式起航。自诞生以来，在政府社会的大力支持、得天独厚的行业优势和成熟的管理经验推动下，B2B 在各行各业中飞速发展。据“艾瑞”研究报告显示，2007 年中国通过 B2B 电子商务完成的交易额高达 21,239 亿元。党的十八大以来，随着移动互联网的深入发展，B2B 的发展迎来新的机遇，行业欣欣向荣，近年来也取得了巨大成就，成为国家供给侧改革重要的重要催化剂，对国民经济发展起着重要作用。根据易观智库的数据，2015年中国 B2B 电子商务交易规模达到 10.7 万亿元人民币，预计到 2018年市场整体交易规模达到 15.4 万亿元人民币。

B2B 的发展大体经历了三个阶段：1.0 时代以信息发布为主要运营模式；2.0 时代以自营为主要运营模式，如今正逐渐兴起的 3.0 时代则是以资源的整合者和平台的建构者的面貌呈现，强调构建共赢共生的生态系统。集众电采就是典型的 B2B 进入 3.0 时代的产物。

1. 创办目的

集众电采以“传统产业 + 互联网 + 金融资本”为核心路径整合产业资源，通过信息共享，实现采购方与源头供应方直接对接的目的，平台客户同时享有法务咨询、人才培训、供应链金融、保险、物流等服务。

集众电采的创办，主要是基于以下几个目标：

（1）通过网络的优化，打散原来的供应商体系，重新选择供应商，形成强强联合，解决供应商质量参差的问题。

（2）通过统一平台采购，降低采购成本，解决单一企业采购议价能力不足的问题。以陶瓷产业界的“阿里巴巴”——众淘联为参考，2016年 3 月至 2017 年 6 月，众淘联平均降低参与企业采购成本 12.1%。

（3）供应链管理必须以先进、完善的信息系统为基础，通过提供可以把销售终端顾客的需求信息及时传递给上游的分销商、制造商和供应商的强有力的信息系统，解决供应链管理信息化不足的问题。

（4）通过平台留存相关数据解决企业信用体系数据流失的问题，并进一步基于风控模型孵化相关金融服务，解决中小型家电制造企业融资难问题。

2. 功能框架

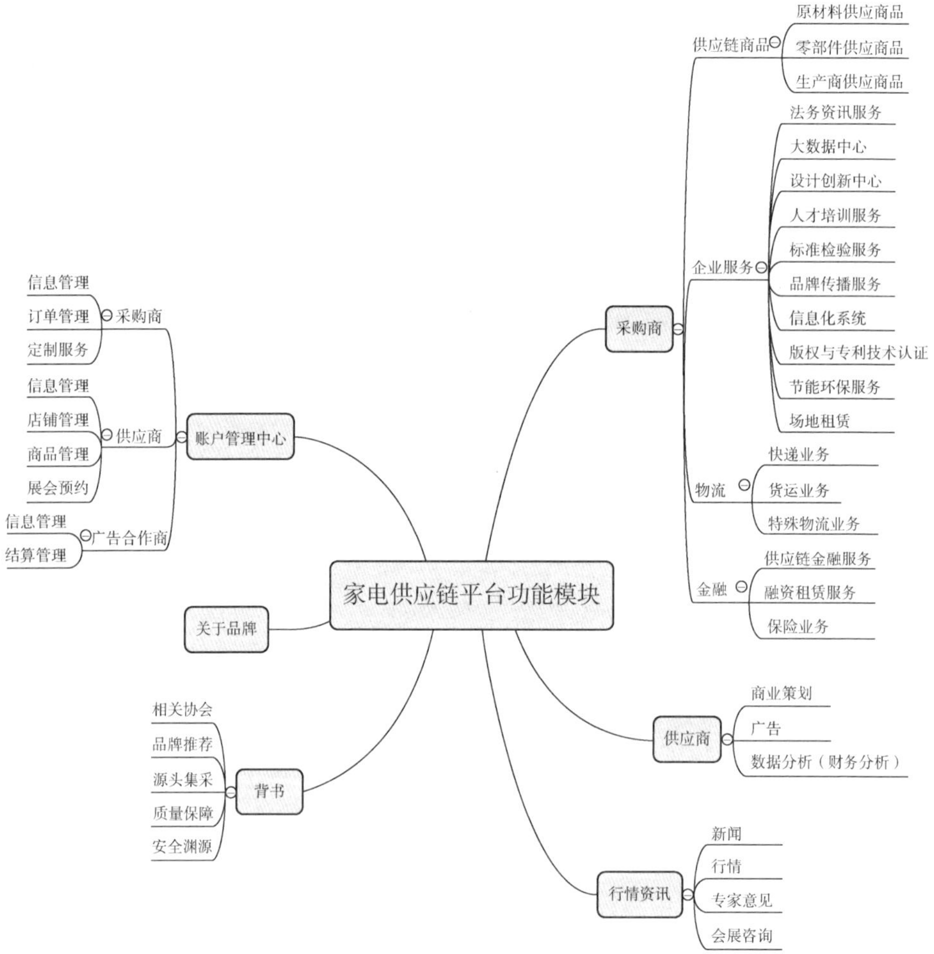

图6－1 集众电采功能框架

3. App介绍

（1）基本运行模式

跨地域汇聚与整合全国供应商与采购商资源到集众电采App平台。APP采用注册登录制度，目前只接受企业注册。企业注册并登录后才有权发布需求信息或商品交易信息，从而进行交易。企业注册需要提交企业标准名称、工商营业执照号码等信息，经专人进行审核后方可通过注册。

在非登录情况下，用户也可以浏览平台的商品、服务等信息，但不能进行发布信息等操作。

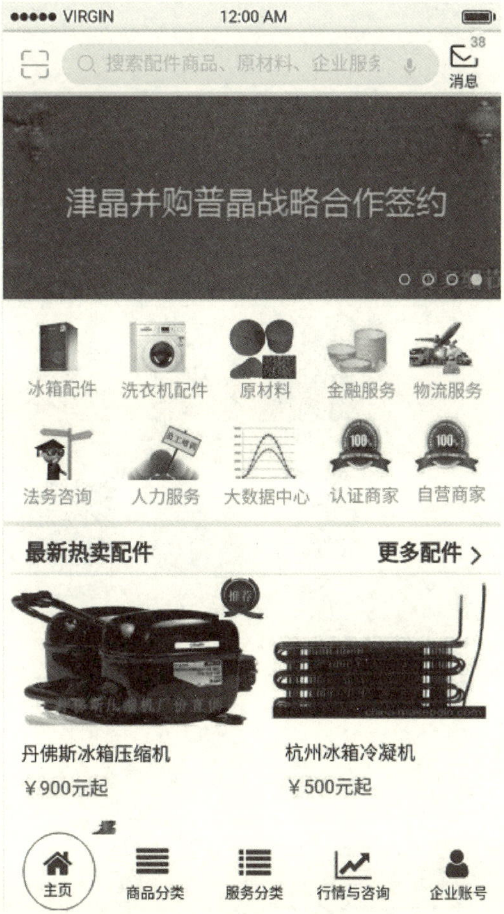

图6-2　App 首页

（2）功能分类

注册登录后，就可以使用集众电采 APP 提供的信息和服务了。集众电采 APP 主要提供三类服务：

a. 供应商发布商品信息，并对其规格、参数、价格等进行全面展示，供采购商进行选择并发出采购信息。

图 6－3 商品分类

b. 服务类企业发布法务咨询、人才培训、供应链金融、保险、物流等方面的服务信息，供企业进行选择并发出接受服务信息。

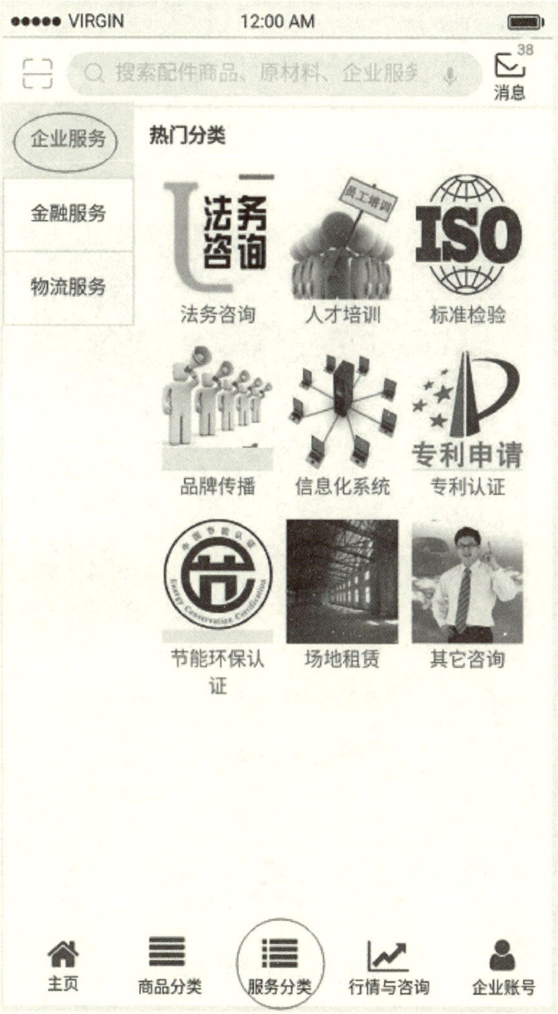

图6－4　服务分类

c. 提供平台总体交易量，各配件、原材料的交易量、价格走势等信息供用户进行参考。

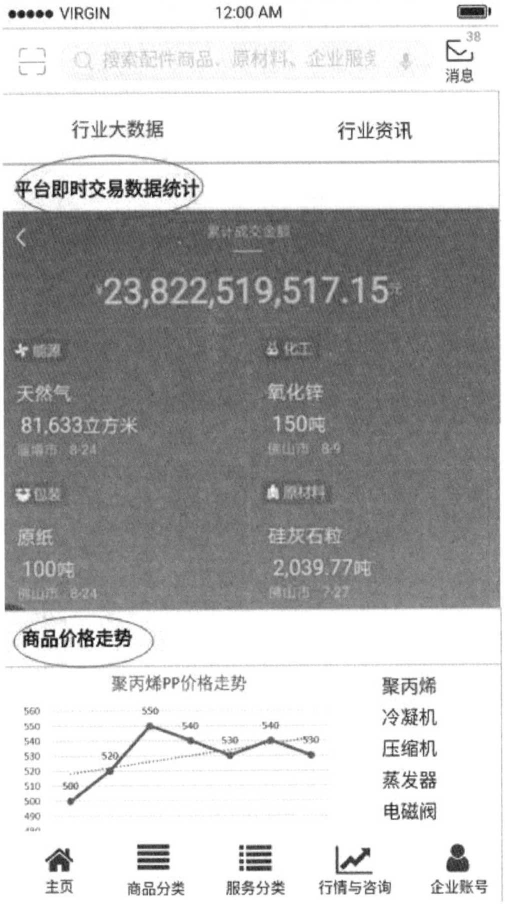

图6-5 行情与咨询

第二节　重视利用金融杠杆

物理学中把一根在力的作用下可绕固定点转动的硬棒叫作杠杆。伟大的古希腊哲学家、百科式科学家、数学家、物理学家、力学家，享有“力学之父”美称的阿基米德在《论平面图形的平衡》一书中最早提出了杠杆原理：二重物平衡时，它们离支点的距离与重量成反比。根据杠杆原理，只要杠杆够长，从理论上来讲哪怕是一个很小的力也能撬起一个非常重的物体，阿基米德据此提出了一个非常著名的假设：给我一个支点，我就能撬起整个地球。

在“四纬一体　互联互通”新商业模式中，金融的作用就类似于“杠杆”，一根可以撬动整个供应链运转的杠杆。

一、金融杠杆是新商业模式成功的重要因素

资金是企业的“血液”，而金融是企业发展的催化剂，在今天这个高速运转的社会，如果没有金融的支持，企业的成长和规模扩张是很难实现的。

随着中国经济的快速发展，企业更新换代的速度也越来越快，在商业世界中，“不进则退”的法则显现得越来越明显。对于企业来说，

过去的那种“积累—扩大再生产—再积累”的模式已经不再适应这个快速变化的时代，负债经营逐渐成为主流。在这种背景下，企业与金融已经慢慢形成了互利互赢的局面，二者的关系也越来越紧密。

对于企业而言，要想发展，资金是最重要的一环。对于中小企业而言，决定于它们生存的主要问题就是资金。要想使得民营的中小企业快速发展，就需要解决好资金问题。中小企业无论是技术改造还是扩大再生产都需要资金。只有创建了良好的经济环境，完善的金融体系，才能解决中小型企业的资金问题。只有有了充足的资金，才能使中小型企业得以良性发展。如果只使用自有资金进行技术改造和扩大再生产，企业发展永远会慢别人半拍。因此，金融作为重要的融资手段，在中小型企业的发展中就发挥着重要的作用。

盈利是企业的根本目标。在经济运营中，很多时候盈利的机会是稍纵即逝的，尤其是对于中小企业来说，原本机会就不多，一旦机会出现，就需要尽快抓住。但往往这个时候，缺乏资金的困窘就会凸显。在这种情况下，适当使用金融杠杆，不失为一个可行的选择。比如，对于一个只有1000万运转资金的中小企业来说，当出现一个2000万的盈利可能性较高的项目时，为了企业的发展壮大，就需要动用金融去融资拿下项目。

更为现实的原因是，当前的任何一个企业都处于一定的供应链中，而供应链必然会产生大量资金不流通的阻塞点。比如，一家制造企业和渠道商签了一定数额的采购合同，合同规定6个月后才全额支付款项。这6个月，就是账期。在这6个月的账期内，相当于制造商供应了货品，却没有收到款，但在这6个月的时间里制造商不可能停下来，它还需要不停地生产，生产就需要资金，如果制造商的资金大部分投入到之前供应的货品中，它就需要融资来解决当前的生产问题。

当前，中小企业融资难、融资贵问题已经成为阻碍中小企业发展最大的“瓶颈”之一。“四纬一体　互联互通”新商业模式的参与企业大多是中小企业，如果这些中小企业的融资问题不解决，“四纬一体　互联互通”新商业模式必然会举步维艰。这也是新商业模式注重植入金融杠杆的根本原因。

二、植入金融杠杆的主要方式

“四纬一体　互联互通”新商业模式面对的是全国27,000家中小型家电制造企业及其上下游企业，未来直接参与新商业模式的企业预计将在数千家以上。面对当前中小企业融资难、融资贵的困境，如何帮助如此众多的中小型家电制造企业解决融资问题，是新商业模式必须要思考的一个重大难点。“四纬一体　互联互通”新商业模式中，植入金融杠杆主要是基于三种设计：

（一）抵押授信

“四纬一体　互联互通”新商业模式通过战略整合上游供应链和下游分销渠道，构建一个健康的、相互协作的供应链，银行基于供应链核心企业的信用，对与核心企业有直接应付账款义务的上游供应商提供保理业务，或对其下游经销商提供预付款或者存货融资，从而大大降低了上下游中小企业融资的门槛。

比如，供应商与核心企业签订供货协议，约定了8个月的付账期。在这8个月的时间内，供应商需要资金，可以将这8个月的应收账款当成抵押物，拿去金融机构借钱。由于核心企业在银行系统具有较高的信用，所以银行会较容易批贷。8个月后，核心企业直接将应付账款结算给金融机构。通过这种模式，上下游企业可以较容易获得银行贷款，从而让整个供应链上的所有资金流动起来。

（二）直接提供金融服务

“四纬一体 互联互通”新商业模式在整合供应链的基础上，搭建金融服务平台，引入金融服务公司，直接为平台上的中小企业提供融资渠道。在津晶电器基于新商业模式创建的集众电采App上，有一个很重要的版块是金融服务。进驻App的认证企业可以直接对接进驻App的供应链金融、保险等金融公司，进行融资等交易，在提供了融资信息的同时，大大提升了融资的效率。未来，津晶电器还将构建自有的家电行业供应链金融公司，提供保理等服务，从而更加有效地为进驻企业提供金融服务。

（三）提供信用凭证

集众电采App可以留存进驻企业的商流、物流、资金流等数据，从而为进驻企业提供信用凭证，提升融资的成功率。当前，中小企业之所以会出现融资难、融资贵问题，一个很重要的原因是信用体系不健全，导致银行等金融机构一方面存在贷款前调查的困难，另一方面在调查后往往把面向中小企业的贷款定位为高风险贷款，从而造成贷款失败。集众电采App留存的企业数据，可以让银行握有供应链条上所有成员企业的交易信息，在一定程度上弥补企业在融资时信用凭证不足的缺点，从而使中小企业更容易获得融资。

第七章

基本要求

衡量商业模式成败的关键因素之一就是要看其是否使企业的战略意图得以实现，换言之，就是看商业模式是否服务于企业的长期发展战略。只有符合企业的长远发展战略，旨在提升核心竞争力、强化竞争优势的商业模式，才能为企业创造持续效益，才能为股东和利益相关者创造更大价值。

在“四纬一体　互联互通”新商业模式中，打通上下游供应链、推行品牌叠加和平行并购企业的行为的完成，并不意味着新商业模式的结束，更不意味着新商业模式的成功，因为战略意图并没有完成。企业战略意图的完成，取决于后续一系列的运作。后期整合、发挥协同效应、培养营销思维，这三者对于后商业模式阶段至关重要。运用得好，新商业模式才能发挥作用；运用得不好，前期的一系列努力全部白费，甚至会给企业带来巨大负累。

第一节　高度重视后期整合

“四纬一体　互联互通”新商业模式需要将原来不同的运作体系（管理、生产、营销、服务、企业文化和形象）有机地结合成一个运作体系。这是一个非常复杂、高风险的阶段，会导致多方面的变革，尤其是在被整合或并购的企业内部，往往会产生翻天覆地的变化，甚至有可能会产生大量负面的变化，比如员工忠诚度的降低、管理人员的流失、客户和市场份额的流失等等，如果这些负面变化不及时解决，将很有可能导致新商业模式前面的努力功亏一篑，甚至造成很大的损失。这就需要在后期及时对企业进行整合。

以平行并购企业为例。研究表明，并购领域存在着一个70/70现象：当今世界上70%的并购后的企业未能实现期望的商业价值，70%的失败源于后期的整合过程。总结以往的失败案例可以发现，导致并购失败的原因很多，但并购后的内部结构治理与管理是重要的因素之一，包括企业宏观战略框架调整、组织结构调整、人力资源整合、财务整合、企业文化整合等等。其中任何一项若没有得到恰当的整合，都将会对并购造成重大的负面影响，甚至导致整个并购的失败。

中小企业的抗风险能力与大企业差距较大，整合上下游供应链及平行并购企业的运作往往关系到企业的生死存亡，这就要求企业必须高度重视后期的整合。总体来看，并购后期的整合主要包括以下几个方面。

一、战略整合

战略整合包括战略决策组织的一体化及各子系统战略目标、手段、步骤的一体化。在“四纬一体　互联互通”新商业模式中，战略整合指的是把目标上游供应链企业和下游分销渠道商以及平行并购的企业纳入自身发展战略内，从而取得一种战略上的协同效应。

如果整合或并购一家在经营策略、战略布局上不能互相配合的企业，即使价钱再便宜，也会隐藏着很大的风险，甚至给企业造成很大损失，未来也有可能分道扬镳。而如果双方能够在战略上互相补充，则会产生正面的效应，形成“1 +1 > 2”的效果，带来价值的增加。

2017 年 8 月 4 日，津晶电器并购柳州市普晶电器完成。普晶电器主要从事汽车电子产品、家用电器电脑板的开发生产，拥有 2 项发明专利，16 项实用新型专利，18 项软件著作权，并开发出汽车车身电子控制集成系统 BCM、倒车雷达系统等乘用汽车电子部件以及电脑控制板两大类 60 多种拥有自主知识产权的产品，积累了强大的技术开发能力及工业生产基础。津晶电器主要从事冰箱、洗衣机等冰洗产品的开发和生产，与普晶电器具有较大的合作空间。并购完成后，双方迅速制定了共同的战略目标：津晶通过与普晶的合作，全面优化洗衣机产品关键部件的质量和提升产品性价比及品牌效应；普晶在满足津晶现有生产需求的情况下，加快自主研发步伐，减少技术外部依赖性，增强企业创新力和竞争力。双方共同打造以互联网为核心的家电控制、家居智能化系统。正是战略整合的成功，让双方对这次并购都充满信心，坚定了做好生产开发及品质保证的决心，制定了2018年在智能家居、家电产品及电脑控制板生产量方面突破200万块（台），年产值达1.5亿元的目标，力争成为国内配套市场的领头羊。

二、业务活动整合

业务活动整合是指要联合、调整和协调采购、产品开发、生产、营销、财务等各项职能活动。上下游供应链整合及平行并购企业完成后，企业可以将一些业务活动合并，包括相同的生产线、研究开发活动、分销渠道、促销活动等，同时放弃一些多余的活动，如多余的生产、服务活动，并协调各种业务活动的衔接。

根据规模经济理论，要想发挥规模经济，使企业达到最优的盈利能力，必须使企业规模处于最小经济规模和最大经济规模之间。这就意味着，企业的业务活动需要达到一定的规模，但在企业现有的经营水平、人员配置等条件下，企业规模又不能超过一个上限，否则会大大增加企业成本。这就要求在业务整合中，一方面通过业务活动合并增加企业的规模，另一方面又要放弃一些多余的、盈利能力不足的活动，从而使企业规模达到最佳，最大程度上增强企业的竞争力。从企业并购的动因分析可以看出，并购双方产销活动整合后产生的经营优势和规模效应也是并购企业追求的目标之一。因此，并购完成后的业务活动整合就成为并购成功与否的关键。

三、管理活动及组织机构整合

管理活动整合是指主导企业制定规范的、完整的管理制度和法规，替代原有的制度与法规，作为企业成员的行为准则和秩序的保障。一般情况下，主导企业均将优秀的管理制度移植到目标方，以求与目标方在管理上的一体化与整合。如果目标方原有的管理活动良好，主导企业则可大胆拿来坐享其成，而如果目标方管理不善，主导企业就需要适时为其引入新的管理思想，进行管理活动的整合。

组织机构整合指的是上下游供应链整合及平行并购企业完成后，主导企业根据具体情况调整组织机构，这种调整既针对目标企业，也针对主导企业。主导企业既可以将目标企业作为一个相对独立的整体加以管理，也可以将目标企业进行分解，并入本企业的组织机构。

根据交易费用理论，无论是整合上游供应链和下游分销渠道，还是平行并购企业，其最重要的目标之一是整合完成后的内部成本低于原交易成本。要想达成这个目标，管理活动及组织机构的整合是重要一环，要求在进行管理活动和组织结构整合的过程中，要注意目标统一、精干高效，建立高效率的管理和组织体系，一方面尽力节省企业内部的沟通成本，另一方面高效服务于企业的生产经营活动。

四、人事整合

人才是企业最重要的资源之一，尤其是高层管理人员、技术人才与熟练工人。而在整合供应链及平行并购企业的活动中，不可避免地会产生职工忠诚度降低、员工对未来产生不确定性恐慌等现象，使人事整合变得难度较大，人事整合也成为影响新商业模式的重要因素。这就要求主导企业在人事整合上一定要谨慎，尽量做到双方在人事上的一体化，防止出现目标企业员工产生被歧视感，从而造成人心浮动、人员离职而降低生产经营效率的现象。从现实经济活动中来看，不乏因人事整合失败导致并购没有实现预期目标的例子。

库巴网成立于2006年，其前身为世纪电器网，提供家电产品、手机、电脑、相机、汽车用品等数万种商品的在线销售，自成立至2010年，保持年均300%以上的高速发展，服务能力覆盖全国，是一个足以媲美京东的在线购物平台。2010年底，国美电器以4800万元购入库巴网80%的股权，2012年5月，再斥资1200万元收购库巴网剩余20%的股权。库巴与国美的结合，原本是一个非常有前景的战略合作。库巴网可以借助国美这个能提供稳定货源的产业巨头摆脱当时电商普遍面临的供应链困境，而国美则可以通过对线上业务的再造，扭转国美整个集团亏损严重、各地门店被迫关闭的压力，从而提振股市，追赶电商浪潮。然而，国美为实现2013年内盈利的目标，从节省成本的角度出发，大力裁减库巴员工，导致包括库巴创始人在内的90%的库巴员工离开。此后，库巴对于国美就好似鸡肋一般，食之无味，弃之可惜。2013年12月，国美彻底放弃库巴网这个品牌，将其并入“国美在线”。

五、企业文化整合

企业文化是指企业在长期生产经营的实践中逐步形成的具有本企业特色的共有价值体系，包括企业成员共同认可的价值观、行为准则、典型和仪式等。企业文化是企业中不可缺少的一部分。优秀的企业文化能够营造良好的企业环境，提高员工的文化素养和道德水准，对内能形成凝聚力、向心力和约束力，提高员工的忠诚度，形成企业发展不可或缺的精神力量和道德规范，从而提高企业的竞争力。在业内，有一个流传已久的说法：三流企业做产品，二流企业做品牌，一流企业做文化。一个企业要想发展壮大，必须高度重视企业文化的作用。

在整合供应链及平行并购企业的活动中，企业文化整合是非常重要的一个方面。据统计，有相当大比例的并购失败案例是因为文化整合的失败，这在跨国并购、不同类型企业并购中尤为常见。双方企业文化不能很好地融合会导致企业内部出现矛盾和冲突，加大协调难度，抵消乃至失去整合供应链及平行并购企业带来的种种优势，最终导致新商业模式的失败。

2005 年 12 月，在吉林省国资委的主导下，民营企业建龙集团收购吉林省最大的省属国企钢铁企业——通钢集团。2008 年，受金融危机影响，通钢出现巨额亏损，建龙集团选择退出。2009 年，通钢盈利后，建龙又卷土重来，再次收购通钢集团。建龙的收购引发了通钢员工的强烈不满，通钢员工除了聚集抗议外，甚至群殴建龙派驻公司的总经理并致其死亡，导致收购陷入“滑铁卢”。通钢员工对建龙的不满，根本原因在于双方企业文化存在巨大差异。通钢是国企，企业文化注重员工福利和收入均衡，而建龙是民企，企业文化注重盈利和效率。建龙第一次入主通钢后，在企业文化整合方面采取了强硬态势，一方面为了盈利，将非盈利机构全部砍去，导致大批员工下岗，为了降低成本，冬天甚至停止供应员工暖气；另一方面为了提高效率，改革薪酬体制，导致员工收入差距被放大到几十倍。建龙的改革，与国有企业员工一些根深蒂固的意识发生了强烈冲突，导致通钢员工对建龙的强烈不满，最终导致了悲剧的发生。

第二节 注重协同效应发挥

协同效应不仅是“四纬一体 互联互通”新商业模式的动机之一，同时也是衡量新商业模式成功与否的标准之一。协同效应是两家公司合并后的经营效益超过它们独立运作时所期望取得的效益之和的部分。自从战略管理的一代宗师安索夫在20世纪60年代第一个提出了“协同”理念后，协同一直是公司制定多元化发展战略、策划并购重组行动所依据的一个最为重要的原则。

“四纬一体 互联互通”新商业模式要想产生持续的协同效应，需要注重以下三个方面：

一、共享资源或活动

共享资源或活动指的是参与“四纬一体 互联互通”新商业模式的企业可以通过分享共同的业务绩效（采购、生产或运营、统一管理的销售队伍、市场营销计划、分销渠道等）来达到“1 +1 > 2”的效果。

共享资源或活动之所以能实现协同效应，有几个原因：一是共享行为本身将各个企业聚拢起来，产生了规模经济效应，从而达到了降低成本的目的。二是实现了资源互补，弥补了各个企业的短板，达到了优化资源配置的目的。比如有两家公司 A 和 B，A 公司在研究与开发方面有很强的实力，但是在市场营销方面十分薄弱，而 B 公司在市场营销方面实力很强，但在研究与开发方面能力不足。如果将这样的两个公司进行合并，就会把整个组织机构好的部分同本公司各部门结合与协调起来，而去除那些不需要的部分，使两个公司的能力达到协调有效的利用。三是可以减少商品流转的中间环节，节约交易成本，尤其是对于上下游企业之间的共享资源和活动来说，其对降低交易成本的作用更加明显。四是提高了企业的运行效率。企业可以共享效率更高的企业的资源和活动，从而带动自身效率的提高。

二、品牌协同

如今，对于现代企业来说，品牌日益成为企业生存和发展的核心要素之一，强势的品牌意味着市场地位和利润。通过企业长期的投入与努力整立起来的品牌是一个企业竞争优势的集中体现。在“四纬一体　互联互通”新商业模式中，品牌发挥着重要的作用。依托主导企业已经建立起来的“名牌”及销售和售后服务网络，可以立刻提高被并购企业或整合的上游供应商及下游销售商产品的市场竞争力和销售业绩，这也是国内很多企业会花大价钱租用已经有较大影响力的品牌商标的根本原因。与通过内部发展建立优质品牌的漫长过程及巨大投入相比，通过企业之间的整合重组共享“名牌”的影响力，可以在相对较短的时间内立竿见影地提高产品竞争力，打开销路，从而使企业效率和效益迅速提高。此外，通过向被并购企业职工灌输名牌文化，可以提高其名牌意识和素质，提高企业凝聚力和吸引力，这些都是促进企业业绩提高的无形力量。随着企业规模的扩张，企业可以有更加雄厚的实力进行技术开发、广告宣传，建立更为完善的销售和服务网络，这些活动都将进一步扩大品牌的市场影响，并极大增强品牌的价值和企业的竞争优势。

2008 年 2 月 27 日，美的电器以 16.8 亿元受让小天鹅 24.01% 股权，成为其第一大股东。2014 年，美的集团持有小天鹅股票达 40%，同年，美的联同其全资控制的境外公司 TITONI 对小天鹅 A 股及 B 股股票实施部分要约收购，要约收购股份数量接近 1.3 亿股，占小天鹅总股本的 20%。要约收购之后，美的集团实现对小天鹅的绝对控股。小天鹅 2010 年品牌价值已达 150.16 亿元，而“美的”品牌在 2007 年就已达到 378.29 亿元，在中国品牌价值榜上位居第七位。美的对小天鹅的收购，实现了双方品牌的协同，直接促进了两个品牌尤其是小天鹅品牌产品的销售猛涨。自美的集团入主小天鹅以来，小天鹅的盈利能力出现爆发式增长。数据显示，2008 年公司实现净利润 4004 万元，而 2009 年净利润则猛增至 2.22 亿元，增长幅度达 454%。2010 年，公司净利润再度增长至 5.07 亿元，相比上一年度增长 128%。2011—2013 年，公司分别实现净利润 4.53 亿元、3.38 亿元和 4.13 亿元，盈利能力一直位居高位。

三、技术协同效应

在“四纬一体 互联互通”新商业模式中，当整合双方或并购双方在某方面的技术水平存在显著差异的时候，技术的共享通常能使技术水平较低的企业在并购或整合后技术水平得以迅速提高，直到达到技术较为先进的企业的水平，从而使其原来处于低效运转状态的资产变成高效资产，提高企业的生产效率和效益。技术协同效应主要存在于平行并购企业中。在平行并购中，由于合并双方生产相同或类似产品，使用相同或相似技术（技术水平可能高低不同），技术水平较低的一方很容易迅速提高其技术水平，从而节约成本，提高产品的产量和质量。

吉利并购沃尔沃就是一个典型的通过并购实现技术协同效应的案例。吉利集团董事长李书福在2015年的全球汽车论坛上表示：收购沃尔沃确实让吉利得到了更好的技术。2012年，沃尔沃与吉利签署汽车安全技术与车内空气质量技术合作协议，这使吉利在这两个技术方面获得飞跃进步和提升。随后，吉利和沃尔沃展开了在汽车平台化架构上的合作。2013年9月，吉利与沃尔沃在瑞典哥德堡联合成立了欧洲研发中心，共同打造紧凑型模块化基础架构（CMA基础架构模块）。对于双方来说，这个投资总额已经达到200亿元左右的CMA平台都是一个非常重要的基础性平台，基于这个平台，双方可以再进一步地进行深度研发，衍生出系列产品。另外，在动力设备等关键技术以及零部件协同上，沃尔沃也给予了吉利支持。可以说，收购沃尔沃，让吉利实现了技术上的飞跃，并在国产自主品牌汽车企业中脱颖而出。一个很典型的例子，便是吉利在2015年推出的博瑞汽车在B级车市场上表现十分优异，打破了自主品牌在B级车市场上难以突破的天花板。

第三节 培养员工的营销思维

一、培养员工营销思维的重要性

IBM总经理罗杰斯说过：“在IBM公司，每个员工都在推销……当你走进纽约IBM大厦或世界各地办事处时，你都会产生这种印象。”有人问，IBM销售什么产品？他回答：“IBM公司不出售产品，而是出售解决方法。”这种全员营销的经营方式，让IBM始终屹立于世界最强公司的行列。对于中小型家电制造企业来说，无论是品牌影响力还是广告宣传经费都无法与大企业相比，要想在这个消费者越来越挑剔、品牌意识越来越强的经济社会中与大企业相竞争，必须高度重视市场营销，培养员工的营销思维。在“四纬一体 互联互通”新商业模式中，培养员工的营销思维也应当成为后期整合的一个重要方面。

市场营销是企业的基本职能之一，是负责识别、预测和满足客户的需要，同时又使企业有利可图的管理职能。市场营销虽然不是企业成功的唯一因素，但绝对是关键因素。美国著名管理学家Peter Drucker曾指出：市场营销是企业的基础，不能把它看作是单独的职能。从营销的最终成果，亦即从顾客的角度看，市场营销就是整个企业。企业经营的成功不是取决于生产者，而是取决于顾客。当今，市场营销已成为企业经营活动首先考虑的任务，这一点在发达市场经济国家显得尤为突出。曾有机构对美国250家主要公司高级管理人员进行调查后发现，公司的第一任务是发展、改进及执行竞争性的市场营销策略；第二任务是“控制成本”；第三任务是“改善人力资源”。大部分企业的高级管理人员来自市场营销部门，比如美国克莱斯勒汽车公司总裁艾可卡便是来自营销部门。

企业市场营销作为一种活动，有如下四项基本功能：

一是发现和了解消费者的需求。现代市场营销观念强调市场营销应以消费者为中心，企业也只有通过满足消费者的需求，才可能实现企业的目标。因此，发现和了解消费者的需求是市场营销的首要功能。

二是指导企业决策。企业决策正确与否是企业成败的关键，企业要谋得生存和发展，很重要的是做好经营决策。企业通过市场营销活动，分析外部环境的动向，了解消费者的需求和欲望，了解竞争者的现状和发展趋势，结合自身的资源条件，指导企业在产品、定价、分销、促销和服务等方面作出相应的、科学的决策。

三是开拓市场。企业市场营销活动的另一个功能就是通过对消费者现在需求和潜在需求的调查、了解与分析，充分把握和捕捉市场机会，积极开发产品，建立更多的分销渠道及采用更多的促销形式，开拓市场，增加销售。

四是满足消费者的需要。满足消费者的需求与欲望是企业市场营销的出发点和中心，也是市场营销的基本功能。企业通过市场营销活动，从消费者的需求出发，并根据不同目标市场的顾客，采取不同的市场营销策略，合理地组织企业的人力、财力、物力等资源，为消费者提供适销对路的产品，搞好销售后的各种服务，让消费者满意。

二、家电企业制定市场营销方案的战略

家电市场具有一些不同于其他产业的特性，最重要的一点是，家电产业与消费者的生活息息相关，受消费者收入、年龄、兴趣、房屋结构等各种因素的影响非常大，并据此而划分为非常多的种类。对于家电企业来说，在制定市场营销战略时，不能祈求有一个万能的营销策略，而应该仔细调研分析各个细分市场，制定相应的有针对性的措施。从这点来说，家电企业在制定市场营销方案时，有三个战略可供选择。

（一）市场细分战略

市场细分是指按照消费者欲望与需求把一个总体市场划分成若干个具有共同特征的子市场的过程。分属于同细分市场的消费者，他们的需要和欲望相似；分属于不同细分市场的消费者对同产品的需要和欲望存在着明显的差别。在世界著名的跨国公司中，宝洁公司是实行市场细分战略的典型，它的洗衣粉就有 11 个品牌，中国妇孺皆知的有强力去污的“碧浪”，价格较高；去污力强但价格适中的“汰渍”；突出物廉价美的“熊猫”等。洗发水则有 6 个品牌，有品位代表的“沙宣”、潮流一族的“海飞丝”、优雅的“潘婷”、新一代的“飘柔”等等。此外，它还有 8 个品牌的香皂、4 个品牌的洗涤液、4 个品牌的牙膏、3 个品牌的清洁剂、3 个品牌的卫生纸等。

当前，由于消费者对于家电需求的转变，家电产品的细分化成为必然趋势，需求决定市场。一方面，随着人们生活水平的提高，市场

对量的需求转变为对质的追求，消费者所消费的不仅是家电产品本身，同时也包括产品所彰显的身份和个性，这是我国第三次消费结构升级带来的必然结果。另一方面，80 后、90 后作为当前家电消费的主力人群，他们本身就有着独立的人格特征和消费观念，在家电消费上有着自己个性化的选择，不盲从跟风。这在客观上也导致了需求的多样化与个性化。

产品市场的细分是由于消费者或用户的需求存在差异性。引起消费者需求差异的变量很多，家电企业应组合运用有关变量来细分市场，概括起来，细分消费者市场的变量主要有四类，即地理变量、人口变量、心理变量和行为变量。

首先，家电企业可以按照消费者所处的地理位置、自然环境来细分市场。如根据国家、地区、城市规模、气候、人口密度、地形地貌等方面的差异将整体市场分为不同的小市场。地理变数之所以作为市场细分的依据，是因为处于不同地理环境下的消费者对于同一类产品往往有不同的需求与偏好，他们对企业采取的营销策略与措施会有不同的反应，比如，北方寒冷地区与南方湿热地区对空调的需求量和功率大小的要求会迥然不同。我国幅员辽阔，地区差异很大，家电企业按照地理因素细分市场，对于分析研究不同地区消费者的需求特点、需求总量及其发展变化趋势具有一定的意义，有利于企业开拓区城市场。

其次，家电企业可以按照人口统计变量，如年龄、性别、家庭规模、收入、职业、教育程度、宗教、种族、国籍等为基础细分市场。以彩电行业为例，厂商可以根据消费者的收入状况，推出各种档次的家电产品；可以根据消费者家庭规模的不同，推出不同尺寸的家电产品；可以根据消费者的文化程度不同，推出不同款式的家电产品。比如，农村通常家庭人口较多，洗衣机的容量要求会比较高，而城市小家庭比较多，洗衣机的容量要求会低一些。再比如，一线城市居民教育程度较高、收入水平也比较高，企业就要有针对性的多推出智能化、环保的中高档产品，而中西部地区居民收入较低，企业就要多推出质优价廉、功能性较强的产品。

再次，家电企业可以按照消费者心理因素，包括购买者所处的社会阶层、生活方式、个性特点等来细分市场。越来越多的家庭为了提高生活质量、满足家庭成员个性化需求，对于家电产品提出了新的要求。未来中国家电业将是一个个性张扬的时代。现代人的个性化需求将随着技术的发展得到极致的体现。比如，针对城市白领工作繁忙、回家后渴望休息的心理，近些年来各大家电企业纷纷布局智能家居市场。

最后，家电企业还可以按照消费者行为变量来进行市场细分。比如，可以以购买时机来对市场进行细分，例如消费者出租房屋时，通常会选择中低档、功能性较强的家电产品。再比如，还可以以消费者对本公司产品的态度来进行市场细分，在市场上不同顾客对不同厂商产品的热心程度是不同的，家电厂商应准确把握不同顾客的热心程度，从而对不同的消费群体采取不同的营销策略。

（二）集中性营销战略

目标市场是企业决定要进入的细分市场，或打算满足的具有某一需求的顾客群体。集中性营销战略是集中力量进入一个或少数几个目标市场，实行专业化生产和销售。实行这一战略，家电企业不是追求在一个大市场角逐，而是力求在一个或几个子市场占有较大份额。这种营销战略在市场中也非常多见，也多有成功的案例。比如在手机市场，苹果手机就是最典型的专注高端市场而获得消费者高度信赖的典型代表，甚至已成为高端手机的代名词。再比如，海飞丝洗发水专门针对其去屑功能进行大量广告宣传，脑白金专注过年过节送礼市场，都收到了奇效。

选择目标市场应综合考虑本企业产品与目标市场特点的契合度。对于中小型家电制造企业来说，因为品牌的影响力不大，加上在智能化、环保等方面与大品牌产品有一定的差距，因此在城市市场上面对较为挑剔的城市居民，竞争力会较弱，而在对品牌、智能不太敏感，更看重功能、耐用性的乡镇市场，与大品牌产品之间的差距会淡化，因此，中小型家电制造企业在制定市场营销战略时，应多专注乡镇市场。

（三）市场定位策略

所谓市场定位就是企业根据目标市场上同类产品竞争状况，针对顾客对该类产品某些特征或属性的重视程度，为本企业产品塑造强有力的、与众不同的鲜明个性，并将其形象生动地传递给顾客，求得顾客认同。市场定位的实质是使本企业与其他企业严格区分开来，使顾客明显感觉和认识到这种差别，从而在顾客心目中占有特殊的位置。市场定位是一种竞争性定位，它反映市场竞争各方的关系，市场定位有利于建立企业及产品的市场特色，是参与现代市场竞争的有力武器。定位方式不同，竞争态势也不同。

家电企业可以采取三种方式进行市场定位。

一是避强定位，家电企业不与对手直接对抗，将自己置于某个市场“空隙”，发展目前市场上没有的特色产品，开拓新的市场领域。当企业面临的竞争对手实力超过自己时，为避免在竞争中直接对抗而可能导致的失败，有意识塑造一种与竞争对手有明显差异的企业形象。这将有利于企业站稳脚跟，取得营销的成功。

二是对抗性定位。对抗性定位方式是指家电企业选择与竞争对手重合的市场位置，争取同样的目标顾客。实行对抗性定位，企业必须要做到知己知彼，应该了解市场上是否可以容纳两个或两个以上的竞争者，自己是否拥有比竞争者更多的资源和能力，是不是可以比竞争对手做得更好。否则，对抗性定位可能会成为一种非常危险的战术，将企业引入歧途。

三是重新定位。重新定位通常是指对那些销路少、市场反应差的产品进行二次定位。初次定位后，随着时间的推移，新的竞争者进入市场，选择与本企业相近的市场位置，致使本企业原来的市场占有率下降；或者，由于顾客需求偏好发生转移，原来喜欢本企业产品的人转而喜欢其他家电企业的产品，市场就本企业产品的需求减少。在这种情况下，家电企业就需要对其产品进行重新定位。所以，一般来讲，重新定位是家电企业为了摆脱经营困境，寻求重新获得竞争力和增长的手段。

中小型家电制造企业本身实力较弱，在市场上采取强攻硬取的方式一般很难获胜，甚至让自己伤痕累累，而如果能找到自己合适的市场定位，利用自己独特的优势在消费者心目中建立独特的形象，往往能在销售方面收到意想不到的效果。

第三篇

目标管理

第八章

正向目標

有一句格言是这么说的：人一旦有了明确的目标，就不会害怕失败，而且愿意做出更大的牺牲。企业也是一样，如果一个企业有了一个目标，而且这个目标比较合理，既可以帮助企业获得发展，又经过努力可以达成，那它就会驱动企业做出一些行动去实现它，甚至为此付出很大的财力物力人力。所以，企业的使命和任务，必须转化为目标，如果一个领域没有目标，这个领域的工作必然被忽视。

目标对于“四纬一体　互联互通”新商业模式同样十分重要，它既是新商业模式要努力的方向，也是判断新商业模式是否成功的根本依据。其中，正向目标代表了企业前进的方向，具有引领、协调员工集体行动、激发员工热情、指明企业努力方向的作用，就像茫茫大海中的灯塔一样，光明，璀璨。

第一节　迅速扩大企业规模

格兰仕的 CEO 梁昭贤曾说过，现在家电企业发展的核心原则是“规模 + 技术”，倘如一个企业没有技术，规模再大也不会长久存在；一个企业只有技术没有规模，单靠一己之力难以敌众。所以，目前的家电市场中，很多大型企业都在大力增加企业规模，并逐步走向家电集团化道路，如美的，格兰仕。这些企业拥有技术的同时，通过横跨家电行业各子市场的发展，以扩大企业的规模。可以说，在目前的家电市场中，企业规模是企业在激烈的市场竞争中赢得竞争的重要凭借。

在这种大背景下，仅 2016 年，家电产业市场就发生了一系列地震般的并购。

2016 年 1 月 15 日，青岛海尔发布公告称，公司于美国东部时间 1 月 14 日与通用电气签署了股权与资产购买协议，根据协议，青岛海尔拟以 54 亿美元现金向通用电气购买其家电业务相关资产。至此，中国家电业迄今最大一桩海外并购案尘埃落定。拥有 100 多年历史的通用电气，其家电产品在美国市场是名副其实的老大，在美国 5 个州拥有 9 家工厂，并拥有世界一流的物流和分销能力，以及美国市场强大的零售网络关系。2014 年，企业收入达到 59 亿美元和约 4 亿美元息税折旧摊销前利润。此次收购大大提高了海尔的全球规模，使其欧美国家市场的业务增长大大提速。

2016年3月30日下午，美的公告宣布已与东芝正式签约，美的将以约537亿日元（约4.73亿美元）获得东芝家电业务主体——东芝生活电器株式会社80.1%的股份，东芝将保留19.9%的股份。合作方案显示，东芝将继续开发、制造和销售东芝品牌的白色家电，包括冰箱、洗衣机、吸尘器以及其他小家电。美的可在全球范围内使用东芝家电品牌，许可期限为40年。此外，美的还会受让超过5000项专利技术。此次收购，对于美的进入全球市场有很大帮助。

2016年3月30日，世界最大电子代工企业鸿海精密工业在台湾证券交易所召开记者会，宣布将投资2890亿日元收购夏普普通股，以及预计斥资999.999亿日元购买夏普特别股，共计砸3890亿日元（约224亿人民币）取得夏普近三分之二的股权。这宗收购交易创下单一海外企业收购日本科技企业的最高纪录。

2016年7月26日，乐视在洛杉矶召开全球发布会，创始人贾跃亭正式对外宣布全资收购美国最大智能电视巨头Vizio，收购价格为129亿人民币（20亿美元），成为目前全球电视产业史上最大的收购计划。乐视收购Vizio之后，全球电视品牌销量将一跃升至前三，仅次于三星和LG，大大颠覆了全球电视市场。

在大型家电企业纷纷通过并购等模式疯狂扩大规模、抢占竞争先机、扩张市场份额的时候，中小型家电制造企业也不能坐以待毙。企业的经营与发展处于动态的环境之中，在企业发展的同时，竞争对手也在谋求发展。因此在发展过程中必须把握好时机，尽可能抢在竞争对手之前获取有利的地位。如果中小家电制造企业采取内部投资的方式扩大规模，将会受到项目的建设周期、资源的获取以及配置方面的限制，从而制约企业的发展速度。在“四纬一体　互联互通”新商业模式中，中小型家电制造企业可以利用互联网思维和金融杠杆，通过整合上游供应链和下游分销渠道、平行并购企业实现企业规模的快速裂变，提高竞争能力，从而在日益白热化的家电市场竞争中争取到一席之地。

第二节 完善企业结构

管理学上有一个非常著名的短板效应，也称水桶原理。水桶原理由美国著名管理学家彼得提出，说的是由多块木板构成的水桶，其价值在于其盛水量的多少，但决定水桶盛水量多少的关键不是其最长的板块，而是其最短的板块。这就是说任何一个组织，可能面临的一个共同问题，即构成组织的各个部分往往是优劣不齐的，而劣势部分往往决定整个组织的水平。在经济学界，这个原理同样适用，任何一个企业都会有结构上的缺陷，都会在生产、营销等方面存在或多或少的短板，这些短板会在很大程度上制约企业的发展。比如，一个企业有非常强的生产能力，生产出来的产品质量非常好，但销售能力非常差，那这个产品也很难到达消费者手中，企业也不会发展得很好，反之亦然，如果企业空有强大的销售团队，产品质量却很差，也许在短期内会使产品销量有一个大的提升，但这种销量的增长是不可能持久的。

手机巨人诺基亚的衰败是非常典型的死在短板上的案例。诺基亚拥有 100 多年的历史，其时尚、耐用、通话质量高的特点，让其在 1996—2011 年连续 15 年位居全球手机市场第一位，推出了在全球累积卖出 2 亿部并创造手机销量纪录的 1100、第一款内置贪吃蛇游戏的 6110、全球首款采用内置天线技术的 8810、俘获无数人心的蝴蝶机

8250 以及第一款分体式全键盘手机 5510 等经典机型。在那个年代，诺基亚几乎成为手机的代名词，不仅成为大多数人的购机首选，也在引领着整个手机行业的发展和进步，给人一种独孤求败的感觉。鼎盛时期的 2008 年，诺基亚的全球市场份额曾高达 40%，这对任何手机厂商来说，都是遥不可及的数字，未来也很难有手机厂商能够打破这个纪录。然而，仅仅三年之后，诺基亚全球手机销量第一的地位被后来居上的苹果和三星双双超越，再几年之后，诺基亚竟然沦落到破产被收购的境地。造成这种结局的根本原因，在于诺基亚手机有一个致命的短板——塞班系统。在智能机早期，以诺基亚为首的塞班系统联盟统治了智能机市场，2007 年，苹果发布了后来被认为改变世界的 iPhone 手机，全屏触控手机时代来临。2008 年，谷歌携手 HTC 推出了首款搭载 Android 平台的手机 G1。苹果 iPhone 和谷歌 G1 的发布，标志着移动互联网时代的来临。之后的几年时间里面，苹果和谷歌都在通过一系列举措各自完善和改进 iOS 平台和 Android 平台，通过不断发布新的系统版本改进体验和增强功能，让其更符合移动互联网时代的用户需求。其中，谷歌的 Android 系统则由于开源的特性，吸引了国内外大大小小的终端厂商加盟，形形色色的高中低端 Android 手机短时间内全面上市。相比之下，诺基亚智能手机采用的塞班系统则平台陈旧，触控体验较差，无法适应移动互联网时代的要求。就是在这种情况下，诺基亚仍然没有幡然悔悟，没有勇敢地接受 Android 系统，最终酿成了悲剧。

在家电产业，依靠补短板来增强市场竞争力已经形成了共识。2014 年，长虹推出 CHiQ 电视，作为全球首款三网融合电视新品，长虹 CHiQ 电视实现了“移动看电视、回放看直播、按类点节目、操控更自由”的目的，以手机为控制中心，实现手机对电视的无缝控制。然而，长虹 CHiQ 电视虽然植入移动模块芯片，拥有很好性能，但其在影视内容资源和游戏娱乐方面还有所欠缺。2015 年，长虹集团宣布，其将与腾讯展开基于智能终端业务的深度合作。长虹作为传统硬件企业，与腾讯合作可弥补内容资源、影视娱乐方面的短板。另外，腾讯微信是智慧家居互动功能重要的工具和入口。通过与腾讯的合作，长虹在一定程度上实现了抢占电视移动互联领域高地的目的。

对于中小型家电制造企业来说，受制于技术、资金、人力等方面的影响，在生产和销售等方面存在或多或少的短板是再正常不过的现象，了解自己的短板，并想方设法进行完善才是正确的企业经营之道。“四纬一体　互联互通”新商业模式的一个重要目标就是完善企业结构，补齐生产、销售等方面的短板。这就要求企业在打通上下游产业链和平行并购企业时，要充分考虑到双方的优势，正视己方的劣势，有针对性地寻找可以弥补自己劣势的合作伙伴。

第三节　增强企业竞争力

市场竞争是指商品经济条件下，各个企业或经济利益主体为了争取经济活动中的优势地位和有利条件所进行的较量。企业竞争力是指在竞争性的市场中，一个企业所具有的能够比其他企业更有效地向市场提供产品和服务，并获得赢利和自身发展的综合素质。市场竞争能力决定了企业在市场上的生存能力。

2011 年 7 月，飞利浦电子公司宣布，已同意以 25 亿元收购中国厨房电器公司奔腾电器，收购的范围涉及奔腾电器的厨房电器产品及设备、厨房电器品牌（奔腾集团剃须刀等其他产品品牌不在其内）、整个营销网络以及运营团队。此次收购，成为继法国 SEB（赛博集团）收购中国炊具大王苏泊尔后，中国小家电领域又一次跨国并购。此次收购，是飞利浦力图与美的等强势崛起的中国品牌相抗衡，全面增强在中国市场竞争力的结果。飞利浦此前只在单一品类中占据优势，而美的则是在生活小家电领域全线渗透，日后难免威胁飞利浦的精品小家电的地位。2011 年时，小家电产业集中度已经很高，市场竞争异常激烈，行业形成了一批强势企业，如美的、苏泊尔、九阳等企业为第一阵营，在资金、渠道和品牌商方面都有竞争优势。此次收购奔腾电器，飞利浦实现生活小家电和精品小家电两条腿走路，并借助奔腾的渠道和品牌，大大增强了与美的等国内品牌抗衡的实力，提高了企业在中国市场的竞争力。

影响企业竞争力的因素非常多，总体来看，有三个方面最为重要：

（一）价格及成本

消费者是理性经济人，价格是影响消费者选择某一产品的重要因素，即商品的价格需求弹性系数有所不同。相同的产品在同一市场上，在其他因素相同的条件下，价格较低就具有较高的竞争力。微观经济学在分析中假定商品的销售量是随商品的价格下降而上升，即是以现实生活中的普遍事实为依据的。因此同类企业所生产的相同产品在同一市场上的销售价格的高低，构成企业竞争力差异的一个来源。成本高低是决定产品价格的基础，同时也决定产品是否具有价格竞争优势和获利能力。无论从消费者选择角度还是企业获利的角度，成本优势都是企业竞争力的基础来源。如果不存在强大的其他作用力，处于低成本的企业更能吸引消费者对其产品的选择倾向，同时该企业可以获得高于产业平均水平的收益。在市场经济早期，产品同质化比较严重的时期，价格及成本在竞争中处于第一影响要素的位置。

（二）产品质量

质量是企业竞争力来源的功能性要素。质量既是商品在市场上实现交换的最根本前提，也是企业实现价值的决定性因素。最坏条件下生产的商品，即劣等商品，只有在供不应求的情况下调节市场价值；最好条件下生产的商品，即优等商品，只有在供大于求的情况下调节市场价值。而目前世界绝大多数国家及中国的家电市场均是供大于求的市场，因此商品的价格是由高质量商品所决定的。换言之，一个不向市场提供优质商品的企业是无竞争力可言的。

（三）品牌

品牌是企业竞争力的重要来源。世界上优秀的公司在制造产品的同时，都拥有对品牌的创造、维持、保护和拓展的能力。优秀品牌可以为公司提供五个方面的竞争优势：①由于其高水平的消费者品牌知晓和忠诚度，公司减少了营销成本；②由于顾客希望分销商与零售商经营这些品牌，加强了公司对他们的讨价还价能力；③由于该品牌有更高的认知品质，公司可比竞争者卖更高的价格；④由于该品牌有高信誉度，公司可更容易地开展品牌拓展；⑤在激烈的价格竞争中，品牌给公司提供了某些保护作用。

“四纬一体 互联互通”新商业模式的运作，可以通过影响价格及成本、产品质量、品牌三个因素，达到增强企业竞争力的目的。

首先，“四纬一体 互联互通”新商业模式可以通过多种途径降低产品价格及成本。比如，“四纬一体 互联互通”新商业模式使企业通过整合供应链及平行并购企业快速扩大企业规模，从而实现规模经济，降低生产成本；“四纬一体 互联互通”新商业模式的本质就是两个或多个企业的生产要素及经济资源的重组过程，重组的过程可以提高经济资源的利用效率和获利能力，提高生产率，从而降低单个产品的成本。

其次，“四纬一体 互联互通”新商业模式可以提高产品质量。“四纬一体 互联互通”新商业模式一方面能够促进经济资源向更高效益的企业或领域转移，实现生产和资本的集中；另一方面能够使整合后的企业实现优势互补，增强企业的资金、技术、人才、市场优势，有助于企业集中优势开发新产品，从而促进产品的升级换代，提高产品的质量。

最后，“四纬一体　互联互通”新商业模式可以通过品牌叠加的方式，达到品牌“1+1>2”的效果，从而提高品牌的影响力。

第九章

反向目标

如果说正向目标是茫茫大海中的灯塔，那反向目标就像是背后一直在追的鲸鱼。企业达不成正向目标，结果是发展停滞，企业停在原地，而企业达不成反向目标，结果则很有可能是被市场淘汰。正向目标和反向目标对于企业的作用，就是一个在前面拉、一个在后面推。光靠拉或者光靠推，企业运行都会非常吃力。

在“四纬一体　互联互通”新商业模式中，正向目标和反向目标也是缺一不可的，二者也是可以互联互通的，比如扩大企业规模这个正向目标，也可以达到通过规模经济降低成本这个反向目标。正向目标和反向目标，也共同构成了考核新商业模式执行情况的依据以及有关人员思考和行动的客观准绳。

第一节 降低成本

降低成本对于企业发展具有重要意义，这是显而易见的事实。首要的原因是，企业的本质是获取利润，而降低成本是获取利润的一个非常重要的因素，产品成本高，利润相应减少；而产品成本低，则利润相应增加。其次，通过降低成本各项措施的实施，可以用最少的人力和物力，生产出较多的产品。特别是对于一些较为贵重或稀缺的材料，这些材料的节约使用不仅是降低产品成本的问题，也是对资源的节约，可以保证企业生产的正常进行，防止由于材料的短缺而影响生产的情况发生。这就可以解释为何当企业经营遇到困难时，通常管理层想到的第一个应对措施就是削减成本。最后，降低产品成本是降低产品价格的重要条件。产品成本是制定产品价格的重要依据。要想不断降低产品价格，使产品销售量增加，提高市场竞争能力，就应不断降低产品成本。只有产品成本降低了，降低产品价格才有保障。在市场经济的条件下，由于激烈的竞争，有时企业间为了使自己处于有利的地位，一般采用的竞争方式就是降低价格，这在技术、品牌不占优势的中小型家电制造企业的竞争策略中尤其明显。在价格战中，要想取胜，只能通过降低成本来争取较大的降价空间。如果企业的成本较高，成本高于其他企业同类产品的售价，就会在最后的价格战中败下阵来。

2014 年，受需求低迷影响，国内家电市场显现疲态。在这样的背景下，美的、格力等家电龙头企业纷纷使出浑身解数，以“价格战”形式消化高库存。2014 年 9 月 26 日，坚持 20 年不打价格战的格力电器发布“敬告书”，表示：“格力电器 20 年首次发动价格战”，“如因此触及您的利益，我们深表歉意”。随后，多家企业公开表示迎战。2014 年十一黄金周，家电行业引发“史上最大规模”的价格战。格力空调推出了“最高直降 5000 元”的大幅优惠，涉及的产品不仅包括人气机型，还包括一些高端人气产品。其中，小一匹节能空调 1599 元，高端柜机 I 系列降幅突破 5000 元。同年 11 月 20 日，格力电器推出以旧换新政策，“定频换变频，立减 1000 元”，再掀变相价格战。随后的 11 月 22 日，美的空调宣告“周一见”，称“美的 1 度电空调史上最大优惠，优惠不止 1000”进行应对。同时，线上隐形价格战也悄然进行，对开门冰箱已经卖到了很不可思议的 2999 元的最低价。在龙头家电企业价格战的围剿下，中小型家电制造企业毫无还手之力，出现了大规模的倒闭潮，其中就包括拥有 30 多年历史的老品牌——湖南中意冰箱。中意于 1983 年转产冰箱，1986 年引进意大利技术，第一台中意冰箱投产。1993 年，中意冰箱迎来发展巅峰，当年它以“湘中意”的名称在深交所上市，成为湖南第一家上市的国有企业。鼎盛时期，中意冰箱的月销量曾经达到 8 万多台。然而，在 2013 年“家电下乡”政策结束后，中意冰箱的销量持续下滑，带来生产成本的增加，企业年年处于亏损状态，进入 2014 年，在龙头企业大打价格战的大背景下，中意冰箱终于无法支撑，只得彻底从市场上退出。

对于中小型家电制造企业来说，在使用同样的原材料、生产同样规格的产品的情况下，其成本必然高过拥有规模经济优势的大企业，这是中小型家电制造企业无法与大企业相竞争、市场份额越来越小的根本原因。据统计，在冰箱市场，行业排名在20名后的中小企业合计市场份额不足1%。

“四纬一体　互联互通”新商业模式可以在一定程度上降低中小型家电制造企业的成本。从新商业模式的构成来看，主要可以从三个方面实现这一目标。

（一）通过整合上游供应链，降低采购成本

在家电行业中，原材料成本占生产成本比例普遍高达80%以上。根据2015年年报统计数据，格力电器原材料占比为86.20%，美的集团原材料占比为84.43%，青岛海尔原材料占比为88.84%。进入2017年，在供给侧结构性改革和环保政策下，位于家电产业上游行业的钢铁和有色金属等原材料的价格上涨，对家电制造企业造成了巨大的压力。对多家企业2017年上半年的企业半年报统计显示，受原材料价格上涨等因素影响，企业净利润和毛利率普遍下降。其中，九阳股份上半年实现净利润3.61亿元，同比下降0.69%，公司综合毛利率为32.23%，同比下降0.45%；海信科龙上半年家电制造业整体毛利率同比下降4.59%，其中，冰洗产品毛利率降幅最大，达6.38%；澳柯玛实现净利润4630.25万元，同比下降27.9%。对于规模较小、议价能力低的中小型家电制造企业来说，情况只有更糟。在“四纬一体　互联互通”新商业模式的运作下，企业可以通过整合上游供应链的方式，加强与上游供应链企业的合作，甚至直接并购上游供应链企业，从而锁定原材料价格，降低企业成本。比如，在新商业模式的运作下，2017年8月4日，津晶电器并购柳州市普晶电器。普晶电器拥有年产

150 万套家电电脑板的能力，此次并购，可以使津晶电器在家电电脑板的采购上大规模节省费用，从而降低整体生产成本。

（二）通过整合下游分销渠道，降低销售成本

当前，在市场竞争日趋激烈的环境中，家电企业的销售成本也逐渐增高。以创维为例，创维年报显示，2011 财年，其包括品牌推广及市场营销、商场管理费、销售及营销相关的工资在内的销售费用同比上升 32.1% 至 37.71 亿港元。

表 9－1 2013 年前三季度上市家电企业销售费用总览

单位：亿元

上市公司	2013 年前三季度	2012 年前三季度	2013 年第三季度	2012 年第三季度
格力电器	148.25	110.99	63.79	50.41
美的电器	90.65	76.07	29.31	25.54
青岛海尔	74.13	76.58	26.73	26.15
海信科龙	27.51	21.32	10.03	8.22
TCL 集团	58.33	46.92	20.75	18.02
四川长虹	37.79	34.49	13.54	13.44
美菱电器	15.26	14.64	4.77	5.26
小天鹅	8.74	5.00	3.34	2.16
合肥三洋	8.59	5.39	3.16	2.57
奥马电器	2.76	2.16	0.97	0.82

对于中小型家电制造企业来说，销售渠道是生命线，是企业利润的输送渠道，同样不可掉以轻心。然而相比于大企业大规模增加销售费用、推动销售量增加的营销方式，缺少资金和销售人才的中小型家电制造企业根本无法跟从。在“四纬一体 互联互通”新商业模式中，中小型家电制造企业可以通过整合下游分销渠道，降低与分销渠道之

间的交易成本，从而降低整体企业成本。比如，2016 年 9 月，拿货商城与志高冰洗（津晶电器）签署战略合作协议。会上，拿货商城 CEO 喻治国公布了志高冰洗产品 2017 年 2 亿元销售额的分销目标，占其全年销售目标 8 亿元的四分之一，此次合作，可以在很大程度上降低志高冰洗的销售压力和成本。

（三）通过平行并购企业，扩大企业规模，从而降低成本

“四纬一体　互联互通”新商业模式可以达到快速扩大企业规模的目的。在并购完成后，两家企业可以通过整合减少管理人员，从而减少人力资源的成本；一个企业可以利用另一个企业的研究成果，从而节省研究工作费用；企业可以大宗采购，增加议价能力，从而节省采购费用；在市场营销上，还可以通过品牌叠加节省广告和推销费用；企业规模扩大后，可以增加银行的信心，提高企业的融资能力，从而降低资本成本。最重要的是，企业可以获得规模经济，从而降低生产成本。

第二节　打破行业壁垒

一个具有吸引力的产业，进入往往会遇到各种各样的障碍，不仅有培养人才、开拓市场、技术开发的成本，更重要的是有进入产业的市场壁垒。如进入产业中的人力资源垄断对中小企业的壁垒、技术壁垒、最低经济规模的投资额壁垒、行业管制等，以及地区保护主义和进入国外市场的关税及非关税壁垒。如果企业在进入新的领域或地城时，采取投资新建的方式，将会遇到很多的障碍和市场风险；如果企业采用并购的方式，控制该行业的原有企业，不仅可以规避进入壁垒，而且还可以低成本迅速进入目标市场，既降低了投资风险，同时也赢得了时间和机遇。因此，企业并购成为企业在寻求新领域或新地域扩展时最常用的手段和最易接受的投资方式。

此外，有些行业具有规模限制，企业进入这一行业必须达到一定的规模。这必将导致新的企业进入后产生生产能力过剩、加剧行业竞争的现象，产品价格也可能会迅速降低。如果需求不能相应提高，企业的进入将会破坏这一行业原有的盈利能力，而通过并购的方式进入某一行业，不会导致生产能力的大幅度扩张，从而使企业进入后有利可图。

1996 年，广东德豪润达电气股份有限公司在珠海创立，最初主营小家电生产。经过了近十年的发展，德豪润达成为珠海市最具规模的民营股份制企业，先后获得“广东省百强民营企业”“珠海市十强民营企业”等荣誉称号。2005 年德豪润达在小家电上的业绩为年产量高达 3000 多万台，是行业内数一数二的龙头企业。2006 年由于原材料成本的大幅度增长、劳动力成本不断提升等多种因素并存，小家电制造业一夜之间面临寸步难行、进退维谷的窘况，德豪润达也难幸免，面临着巨大的挑战。随着 2008 年全球金融危机的爆发，德豪润达财务上开始点亮告警灯，与此同时，从年报得知，当年的德豪润达开始出现严重的亏损。在这种大背景下，德豪润达开始思考企业自身的前途，如何走出窘境，如何突出重围，如何立于当时市场的不败之地，于是德豪润达董事长王东雷把目光投向了 LED 项目。2008 年，LED 行业正是属于需要高投入、高技术却有着较高盈利性的行业，此时企业进入 LED 产业要跨过很高的壁垒。而 2008 年是小家电制造产业整体盈利性最差的时候，德豪润达管理层也有很强的动机在其他产业拓展，进行多元化并购。在这个背景下德豪润达的发展战略是通过收购锐拓进军 LED 行业，成功规避行业壁垒，同时实现两条主营产业即 LED 业和小家电业共同运行。

对于中小型家电制造企业来说，进入其他行业同样存在大量壁垒，甚至相对于大企业来说更难打破，这是因为中小型家电制造企业资金、技术、人才更加匮乏，往往无力投入大量资金、技术和人才重建一个新的行业的生产设备，组建管理和生产团队。然而在很多时候，进入其他行业又是企业发展壮大、增强市场竞争力必须走的一步。“四纬一

体 互联互通”新商业模式为中小型家电制造企业进入其他产品领域提供了一个可行的路径：整合上下游企业及平行并购其他行业企业。这条路径可以有效避免企业在资金、技术等方面的阻碍，为中小型家电制造企业进入其他行业铺开道路。

第三节　降低经营风险

企业与人一样，都需要居安思危、未雨绸缪，否则当风险突然来袭的时候，往往就没有了还手之力。当年诺基亚手机在2008年占据全球40%的市场份额的时候，完全没有在乎iPhone手机及其引领的全屏智控手机潮流会给自己带来多大的威胁，然而仅仅几年之后，诺基亚就被打得支撑不住。这就要求企业在追求效益的同时必须要学会控制风险。

企业风险是指某一对企业目标的实现可能造成负面影响的事项发生的可能性。可能引发风险的因素非常多样，有些是可控的，比如投资决策的失误、产品质量不过关、销售手段落后等等，而有些是不可控的，比如汇率的变动、经济危机、国家政策调整等等。对于企业来说，一方面要通过加强管理、改进质量、打造团队等方式将可控风险降到最低，另一方面，又要时刻预备着不可控风险的到来，想方设法增强自己抵御风险的能力。

每个企业都是在风险中经营的，中小企业也不会例外。风险造成的经济损失是极大的，但相对而言，风险对中小企业造成的危害远远超过大企业。中小企业虽然“船小好掉头”，但它由于“本小根基浅”，只能“顺水”，不能“逆水”，不能左右风险的发生。从实际情况看来，中小企业消化吸收风险的能力十分有限。所以，中小企业更应防备在经营中可能遇到的风险，以求未雨绸缪，防患于未然。

“四纬一体　互联互通”新商业模式的运行，有助于中小型家电制造企业降低经营风险，具体来说，可以从以下几个方面来实现这一目标：

（1）中小型家电制造企业通过“四纬一体　互联互通”新商业模式实行平行并购企业，可以实现多元化经营，而多元化经营可以成为控制风险的一种有效方式。由于市场容量的有限性，不断增加的产品越来越面临着原来销售市场相对饱和的威胁，行业风险加大。企业为了寻求高速发展，减少经营风险，其经营范围需要通过跨行业混合并购，延伸向多个行业，实行多元化经营。通过混合并购，实行多元化经营，一是可以分散投资风险；二是可以适应多样化消费需求；三是可以增强企业对市场变动所引起风险的应变能力，避免企业“吊死在一棵树上”。多元化经营既可以通过企业并购来实现，也可以通过内部的成长而达成。但通过并购其他企业，收购方可以迅速实现多元化经营，从而达到降低投资组合风险、实现综合收益的目的。

（2）中小型家电制造企业通过“四纬一体　互联互通”新商业模式可以实现企业规模快速增加的目的，而企业规模的增加，可以从各个渠道增加企业的抗风险能力。首先，规模增加增强了企业的资金实力，发生财务困难的风险就大大降低了；其次，增加企业规模增强了企业的技术实力，提高了产品的竞争力，从而增强了企业的抗风险能力；再次，企业规模增加可以产生规模效益，降低产品成本，从而增加了企业的盈利能力，增强抗风险能力；最后，增加企业规模可以增强企业在市场上的话语权、议价权，从而增加了抵御因市场变动造成的风险的能力。

（3）中小型家电制造企业通过“四纬一体　互联互通”新商业模式整合上游供应链，可以有效应对因原材料价格上涨或原材料供应不足对企业造成的风险。尤其是最近几年，原材料价格不断上升，给企业尤其是中小型家电制造企业造成了很大的压力，甚至有不少中小型家电制造企业不堪原材料价格上涨引起的成本上涨对企业经营造成的压力而破产。

（4）中小型家电制造企业通过“四纬一体　互联互通”新商业模式整合下游分销渠道，不仅可以有效应对因渠道的变化对企业造成的风险，而且可以通过渠道的整合促进销量，提高自身抵抗风险的能力。

第四篇

案例解读

第十章

企業并購

津晶电器并购普晶电器

2017 年 8 月 4 日，广东津晶电器有限公司并购柳州市普晶电器有限公司签约仪式在志高工业园科技大楼举行。

在笔者独创的“四纬一体　互联互通”新商业模式推动下，一新领域、新品牌的高新科技企业上游供应商与津晶电器达成并购战略合作，通过供应链优化，将国内冰洗行业优质的供应商整合到一起，以生产规模换取成本优势，以新商业模式带动销售效益，继而实现三方共赢的效应。

柳州市普晶电器有限公司（以下简称“普晶”）前身为柳州市华航电器有限公司，位于柳州市柳东新区官塘创业园，成立于 1996 年 7 月，是享有独立法人资格的民营高科技企业，占地面积 43 亩，并建成一栋五层、总建筑面积约 20000 平方米的生产基地。现有员工 220 人，其中大专以上的工程技术人员 127 人。拥有高端专业的汽车电子、电脑控制板研发设计技术，精湛的生产制造工艺，先进的生产设备，完善的产品质量控制和持续改进体系。

图 10 -1　笔者与普晶电器董事长覃权利合影

图 10 -2　津晶电器电脑板项目总监经顺林与普晶电器董事长覃权利
签订并购战略合作协议

图 10－3　签约代表合影

图 10－4　双方见证签约仪式代表合影

普晶电器主要从事汽车电子产品、电脑控制板的开发生产，拥有2项发明专利，16项实用新型专利，18项软件著作权，是广西的汽车电子研发生产企业之一。现已开发出汽车车身电子控制集成系统BCM、倒车雷达系统等乘用汽车电子部件以及电脑控制板两大类60多种拥有自主知识产权的产品，已经积累了强大的技术开发能力及工业生产基础，发展成有一定规模的集研发和生产汽车电子产品于一体的企业。

津晶电器2009年被评为国家级的高新技术企业，被广西区科委认定为广西汽车车身电子工程技术研究中心，并被广西区工信委认定为企业技术中心。

为提高产品质量、提升产能，津晶电器近2年投入2000万元资金，添置了无铅波峰焊机、AOI光电自动检测机、自动点胶机、IC成型机、三星高速贴片机等国外最新设备。目前公司拥有7条SMT自动贴片生产线及8条装配流水生产线，配套专业设备310台，检测调试设备25台（套）可年产汽车电子部件250万套和150万套家用电器电脑板，为未来的发展奠定了坚实的基础。普晶于1998年12月通过ISO9001质量体系认证，2005年通过ISO/TS 16949：2002质量管理体系认证。强大的生产研发能力和过硬的产品质量赢得了客户的一致好评，产品销至东风柳汽、一汽海南马自达、浙江吉利、厦门金龙、中山威力、金羚等国内知名汽车及家电制造企业。

图 10－5　普晶电器生产基地

图 10－6　普晶电器车间及实验室一角

此次并购战略合作的签订，是“四纬一体 互联互通”新商业模式取得阶段性和关键性胜利的里程碑。通过与普晶的合作，津晶将全面优化洗衣机产品关键部件的质量和提升产品性价比及品牌效应，在满足津晶现有生产需求的情况下，加快自主研发步伐，减少技术外部依赖性，增强企业创新力和竞争力。打造以互联网为核心的家电控制、家居智能化系统，深入践行“四纬一体 互联互通”新商业模式。

普晶电器董事长覃权利表示：在江董事长的新模式推行下，在整合庞大的供应链体系下，以及与津晶电器的战略合作下，普晶坚定决心做好生产开发及品质保证，努力实现2018年智能家居、家电产品及电脑控制板生产量突破200万块（台），年产值达1.5亿元，力争成为国内配套市场的领头羊。

第十一章 品牌合作

津晶电器与TOYO中国联手成立“TOYO中国运营中心”

2017年12月19日，“TOYO中国运营中心”成立签约仪式在志高集团科技大楼举行，津晶电器（志高冰洗）与TOYO中国负责人及代表出席了本次会议，这是“四纬一体　互联互通”新商业模式运作以来的又一大跃进。

图11－1　双方负责人及代表亲切会谈

与 TOYO 中国联手成立“TOYO 中国运营中心”，是“四纬一体 互联互通”新商业模式中的“重要一纬”，是新商业模式中品牌叠加战略的重要实践。通过与世界著名品牌的合作，促使津晶电器不断壮大，品牌影响力更加提高，更加坚定了中小企业参与新商业模式的信心，同时也将吸引更多的企业与津晶电器携手合作。

在签约仪式的会谈中，笔者提到：“对于 TOYO 中国运营中心的成立，我们将以中高端的大家电、白电以及个性化小家电几大板块切入，进一步加强对“TOYO 中国”家用电器类产品的研发、生产及推广，满足国内千家万户的家庭使用需求。”

图 11 -2　双方负责人签约

图 11－3　双方负责人合影

图 11－4　双方负责人及代表合影

“TOYO”是日本国标品牌之一，企业成立于1953年，经过半个多世纪的沉淀，成长为世界级工业著名品牌，在日本，“TOYO”纵横多个领域，如：TOYO大学、TOYO军工、TOYO造船、TOYO机电、TOYO空调等。日本工业产品在全世界都享有高质量、新技术的美誉，“TOYO”更是其中翘楚，其先进的技术、稳定的质量受到世界消费者的高度认可，也受到行业的广泛借鉴。

图11-5 “TOYO中国”全新起航，将日本的先进技术、品牌管理全面带入中国市场

“TOYO中国运营中心”的成立，有助于消费者的安全升级，提升经销商的利润空间，更为津晶电器这一品牌的发展提供了强有力的跳板，这是一次中国民族企业借助国际品牌实现快速进步的典型案例。

津晶电器牵手国际品牌山水（SANSUI）

2018 年 2 月 5 日，津晶电器牵手山水电子（中国）有限公司合作签约仪式在志高总部科技大楼举行。笔者与山水电子（中国）有限公司总经理朱开云先生及津晶电器核心管理层共同出席了签约仪式。这次合作，是继津晶电器于 2017 年 12 月与 TOYO 中国联手成立“TOYO 中国运营中心“以来，”四纬一体　互联互通“新商业模式在品牌合作领域的又一成功实践。

图 11－6　笔者与山水电子（中国）有限公司总经理朱开云先生合影

图 11 -7 全体与会人员合影

日本山水电气株式会社创建于 1944 年，多年的成功运作使它成为国际电子电器制造方面的杰出典范，在世界 80 多个国家和地区均有分支机构和研发中心，销售网络遍布全球 100 多个国家和地区，1961 年在东京证券交易所上市后“SANSUI”发展成为国际著名品牌。

1999 年，山水影音产品开始进入中国市场，历经 2 年的成功推广和销售，2001 年，在中国市场取得了极大认可，销售网络达到 1000 多家，山水品牌形象在全国各地深入人心。

2003 年，日本山水电气株式会社为更加全面地向中国市场提供优良的电子产品和服务，斥巨资 5000 万成立山水电子（中国）有限公司，总部设在广东中山，负责山水品牌全线产品在中国的推广和销售。

短短十几年间，山水电子在中国市场先后成立了山水音响事业部、山水迷你音响事业部、山水液晶电视事业部、山水多媒体事业部、山水生活电器事业部、山水整体厨卫事业部等10个事业部。

图11－8　位于广东中山的山水电子（中国）有限公司

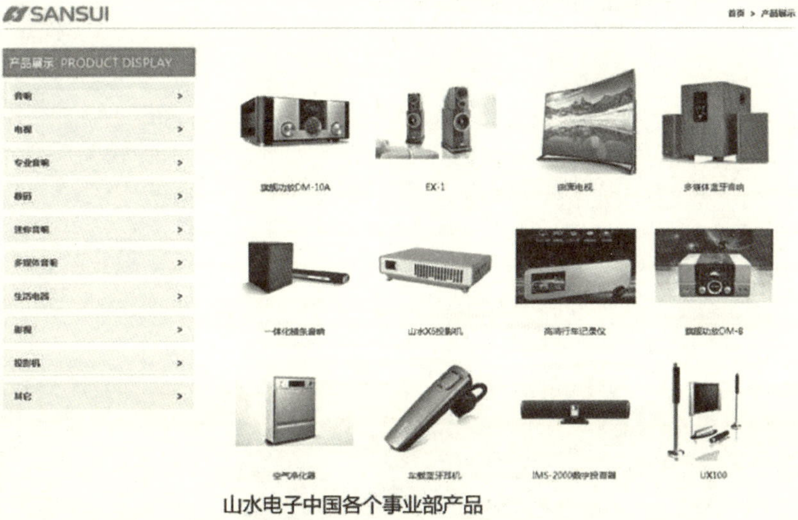

图11－9　山水电子（中国）有限公司各个事业部产品

有许多著名国际品牌产品因为设计与技术国内外有别，导致产品空有品牌余威，而质量良莠不齐，给消费者造成巨大损失。山水所有全球分公司产品的设计与技术皆出自日本原厂统一标准，不论在世界哪个地区，欣赏到的绝对是正宗的山水影音品质。山水采取全球网络跟踪售后服务，只要购买了山水的产品，就成为山水永久的客户，享受全方位的售后服务。优质的产品和服务，使“山水”在中国消费者心目中树立了完美的高品质家电企业形象，其中山水音响更是连续8年荣获“中国音响行业第一品牌”的荣誉称号。

笔者认为，山水（SANSUI）是多年沉淀的国际性品牌，具有广泛的知名度。此次津晶电器牵手山水（SANSUI）品牌，对于2018年快速提升旗下电热水器、消毒柜、滚筒式干衣机、洗碗机、空调扇、循环扇及无叶风扇等产品在市场上的号召力具有极大帮助，同时，也可以使得山水（SANSUI）借力津晶电器构建的平台关键资源、关键机会及关键业务，走向更高更大的版图。

第十二章

整合上海

津晶电器与核心供应商开展战略合作

2016 年 11 月 22 日，志高冰洗于志高总部营销大楼举行“2016 年志高冰洗核心供应商答谢会”，迎接并答谢来自全国各地的核心供应商，借此推动与核心供应商密切合作关系。本次答谢会的召开，充分体现了志高冰洗对核心供应商的高度重视。

图 12－1　活动现场

企业未来的竞争是供应链的竞争，而供应链之间的竞争主要是资源的竞争，谁能掌握优秀的资源，谁就能在企业竞争中处于有利地位。其中，供应商资源就是非常重要的一项资源。整合好供应商资源，尤其是核心供应商资源，建立与核心供应商之间的和谐、稳固的战略合作关系，对于有效降低企业成本，保证稳定的、高质量的原料和零部件来源，提升企业竞争力，具有非常重要的作用。

产品质量永远是一个稳固的供应链得以存在的基础。近些年来，中国冰洗行业为世人呈现了一幅纵横捭阖、波澜壮阔的历史画卷，让人心潮澎湃，而又心生向往之意。但不管市场竞争如何之激烈或者艰难，志高冰洗始终不忘初心，用“工匠精神”造世界上最好的产品。

图 12－2　笔者介绍志高冰洗未来一三五战略规划

答谢会上，笔者发表了志高冰洗未来的战略及规划：2017 年实现 8 亿元销售规模，3 年内赶超 20 亿，5 年内实现国内主板上市。在共同的理想信念和目标追求下，多少有情怀、有抱负、有信仰的供应商朋友，与志高冰洗结成了知心朋友。笔者认为，“只要真正做到‘统一信仰，统一目标，同一条心，同做一件事’，那么新的更大的胜利一定会到来！市场在变，竞争在变，不变的是志高人‘让人类生活得更加美好’的梦想和‘一握志高手永远是朋友’的深厚情谊。志高人永远不会忘记，推动我们克服重重阻碍、坚定前行的，是来自核心供应商们的信赖与厚爱！”

图 12－3　核心供应商代表佛山市南海晶昊塑胶五金厂胡锦诚发言

图 12－4　核心供应商佛山市顺德区晔浩实业有限公司陈晓颖发言

图 12－5 广州市绘晶家用电器有限公司杨柳分享合作心得

图 12－6 现场踊跃交流

每一次的创新与改变，都赋予了志高冰洗奋力前行的力量。在这过程中，离不开各大供应商的支持。志高冰洗只有凝聚志同道合、敢做敢当、肝胆相照、荣辱与共的事业伙伴，才能更有效地推动自身迈向新的巅峰。

图 12－7　笔者与获得战略核心供应商的代表们合影

图 12－8　笔者与全体核心供应商代表合影

跋

王先庆
（广东财经大学商贸流通研究院院长、
广东省商业经济学会会长）

我国经济走向新常态的过程，也正是步入工业化后期的阶段，各种经济业态都面临新的机遇和新的挑战。对于家电制造业来说，一方面是低廉成本时代一去不复返，另一方面是消费者多元化、个性化、定制化需求不断增多，企业发展面临巨大压力。在这种大背景下，企业只有主动作为，主动转型，主动改革，彻底转变过去发展的思维方式和模式，寻找新的商业模式，才能抓住机遇，赢得新生。

在如今的互联网时代，一个优秀的商业模式，必须具备以下几个特点：

一是注重跨界融合。近年来，国人出国旅游时抢购马桶盖、电饭煲等日常用品，反映出国人的消费需求正在转变、升级。互联网时代，面对这种新变化，就要进行跨界融合，满足消费者多样化需求。以家电产业为例，近些年来发展十分迅猛的手机电视，利用具有操作系统和流媒体视频功能的智能手机观看电视的业务，就是跨界融合的典型代表。江国民的“四纬一体 互联互通”新商业模式，提出植入互联网思维，而互联网思维的其中一个非常重要的内涵就是“开放”，这一点与“跨界融合”是一致的。

二是重视大数据的应用。大数据是一项对于未来企业的发展具有颠覆性作用的技术。首先，通过大数据技术对企业运营过程中的数据进行处理及分析，能够推动企业对自身的运营及管理进行优化，从而帮助企业创造更多的增量价值。其次，通过大数据技术对客户群体进行分析，可以让企业掌握消费者的个性化需求，从而将目标用户细分为多个群体，为实现产品及服务的定制化生产打下坚实的基础。再次，通过分析客户的数据，可以更加全面深刻地了解客户群体，从而帮助企业获取更多的新客户、提升现有客户的忠实度、刺激客户的消费欲望等。最后，通过大数据对数据资源进行深度挖掘后，企业可以将获得的分析结果分享给产业链上下游的合作伙伴，从而更好地提升自身的盈利能力。在江国民“四纬一体 互联互通”新商业模式中，大数据技术的应用占有一席之地，而且其未来还计划孵化商业大数据独立企业，这一点非常具有前瞻性。

三是重视建立完善的现代供应链物流。传统产业的流通革命势在必行。从中央到地方，在现阶段都重视流通业发展，可以说传统产业只有进行流通革命，才能赢得未来。以果蔬供应链流通成本为例，我国果蔬流通成本占零售价格比重高达50%—70%，对果蔬价格影响极为明显。因此，控制流通环节的成本，对市场竞争具有重要意义。江国民先生“四纬一体　互联互通”新商业模式提出整合上游供应链和下游分销渠道，一个直接结果就是可以降低流通成本，这一点对增强产品的价格优势将会起到重大作用。

四是高度重视消费者体验。从世界范围内来看，但凡跨越较长的时间维度依然维持稳定增长的企业，除了拥有成功的产品和好的营销模式之外，一定秉持至高的客户价值。对于未来的企业来说，最宝贵的资源不是厂房，不是资金，而是客户。在中国，现阶段优秀的家电企业都在想方设法提升客户体验，积极从技术应用、基础设施和粉丝服务等方面寻找突破口，比如近几年发展特别迅速的智能家电，就是企业对客户极致体验追求的结果。江国民“四纬一体　互联互通”新商业模式中提出的互联网思维，其本质就是“客户至上”。

五是重视合作。企业经营活动是一种特殊的博弈，是一种可以实现双赢的非零和博弈。在当前经济发展进入“新常态”，市场急剧变化的大背景下，企业的生存与发展离不开其他组织的支持和合作，未来的企业竞争在很大程度上是企业整个产业链的竞争，也就是企业所拥有的供应商、销售商、合作伙伴、消费群体之间的竞争。对于合作的企业而言，它们能够互相获取对方的优质客户资源，更为高效地传播自身品牌，最大程度上发挥合体势能，从而实现价值最大化。江国民“四纬一体　互联互通”新商业模式十分强调合作的重要性，无论是整合上游供应链和下游销售渠道，还是中间植入的互联网思维和推行品牌叠加，都透露出一种强烈的合作的意愿。

可以说，江国民的“四纬一体　互联互通”新商业模式，符合一个优秀的商业模式的几乎所有特点，未来值得期待。

2018年2月28日于广东财经大学